［明］朱長春 著　［明］萬曆四十年刊

管子榷

2

江蘇大學出版社
JIANGSU UNIVERSITY PRESS
鎮江

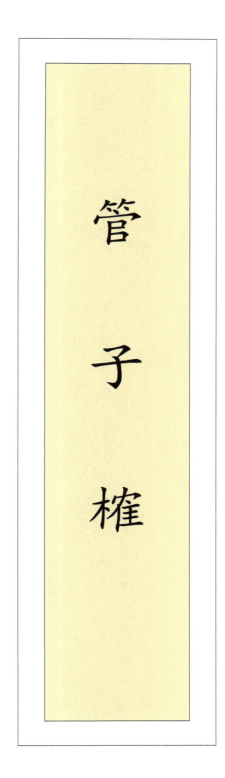

管子權卷第八

唐司空房　玄齡　註

明道民朱　長春　權

中匡第十九

內言二

評　六匡以經天下小匡以理一國中匡以導君君辰樞也天之中也曰中心無為以守至正始

之外散利次之内興利乃以禁偷持其心以為身要于道所謂環中以應君正莫不正矣

管仲會國用三分二在賓客。（二以供賓客）其一在國。管仲懼而復之。（復白也以賓客之費太半故白之）公曰吾子猶如是乎。（以吾子為賢當以供賓之義為急務尚懼而白之乎）四鄰賓客入者說出者譽。（入見禮而悅者出必為延譽也）光名滿天下入者不說出者不譽汚名滿天下壞可以為粟。（播壞則生粟）木可以為貨。（破木成器則貨）粟盡則有生貨散則有聚君人者名之。為貴財安可有。（有財則失名故不可有）管仲曰此君之明也。

公曰：民辦軍事矣，則可乎？對曰：不可。甲兵未足也。請薄刑罰以厚甲兵。於是死罪不殺，刑罪不罰，使以甲兵贖。有罪使出甲兵以贖之 死罪以犀甲一戟，刑罰以脅盾一戟。脅盾也既出盾又令出一戟也 過罰以金。過誤致罰出金以贖之 軍無所計而訟者，成以束矢。不計於軍事而以私訟者令出束矢以予其罪成乎也 公曰：甲兵既足矣，吾欲誅大國之不道者，可乎？對曰：愛四封之内，而後可以惡竟外之不善者。先施愛於四封之内則士致死故可以惡竟外之不善 安卿大夫之家，而後可以危救敵之國。卿大夫家安則大臣盡力故以危救敵之國 賜小國地而後可以誅大國之不道者舉賢良而後可以廢慢法鄙賤之民是故先王必有置也而後必有廢也必有利也而後必有害也桓公曰昔三王者既弒其君今言仁義則必以三王為法度不識其故何也對曰昔者禹平治天下及桀而亂之湯放桀以定禹功也湯平治天下及紂而亂之武王伐紂以定湯功也且善之伐不善也自古至今未有改之君何疑焉公又問曰古之亡國其何失對曰計得地與寶而不計失諸侯計得財委而不計

失百姓。計見親而不計見弃。三者之屬。一足以削遍而有者亡矣。古之隳國家隕社稷者非故且為之也。必少有樂焉。不知其陷於惡也。桓公謂管仲曰。請致仲父。仲父者尊老有德之稱桓公欲尊事管仲故以仲父之號致之公與管仲父而將飲之。行飲酒禮以尊顯之掘新井而柴焉。新井而又柴蓋之欲以潔清示敬之十日齋戒。召管仲。管仲至。公執爵。夫人執尊觴三行。管仲趨出。公怒曰。寡人齋戒十日而飲仲父。寡人自以為修矣。仲父不告寡人而出其故何也。謂不辭而出所以怒鮑叔隰朋趨而出。及管仲於途曰公怒管仲反入倍屏而立公不與言少進中庭公不與言少進傳堂公曰寡人齋戒十日而飲仲父自以為脫於罪矣仲父不告寡人而出未知其故也對曰臣聞之沈於樂者洽於憂樂過則憂博厚於味者薄於行慢於朝者緩於政害於國家者危於社稷臣是以敢出也公遽下堂曰寡人非敢自為修也仲父年長雖寡人亦衰矣吾願一朝安仲父也言俱至於衰老故欲一朝樂飲而為安對曰臣聞壯者無怠老者無偷順天之道必以善終者也三王失之也非

一朝之萃（其所由來者漸矣非一朝萃集也）君奈何其偷乎管仲走出君以賓客之禮再拜送之明日管仲朝公曰寡人願聞國君之信對曰民愛之鄰國親之天下信之此國君之信公曰善請問信安始而可對曰始於為身中於為國成於為天下公曰請問為身對曰道血氣以求長年長心長德（長心謂謀慮遠也長德謂恩施廣也）通血氣道而后年長年長而后心長心長而后德長心與德賴年而善年又賴血氣以延道導引之使通調無泣閼也血氣不調生于是疾夭心于

是佛逆德于是喪道儒養生修身同此本理此為身也公曰請問為國對曰遠舉賢人慈愛百姓外存亡國繼絕世起諸孤孤謂死王事者子孫薄稅斂輕刑罰此為國之大禮也法行而不苛刑廉而不赦有司寬而不凌不虐惸獨菀濁困滯皆法度不亡鬱濁謂纖塞不潔清者也困滯謂疲癃微隱滑也有如此者皆以法度加之不令有所失亡也往行不來而民游世矣其行法度者但往行而進不却來而退而人以此自得行於世也

通法度一行于上民格心于下上無再舉下無再犯曰往行不來遷善不知刑措不用皡皡熙熙鼓以遊

矣此為天下也。演旨哉本術乎禁樂去偷歸于長年長心心無荒而血氣調血氣調而年年德永故道以養氣而持心也心有貞明則德有貞一德有貞一則理有貞觀制外情繕内性道以為身為天下也故聞身治而天下治未聞身亂而天下治者也嗟管子有本之學儒道合一顧其用作入法耳後法家乃哆言鍾鼓不解于縣窮寵不離于側而天下治至斯而又揭桎梏以俟人主恣睢嘻謬哉甚乎為法之弊至嗟乎徒概曰祖管氏祖管氏江之

不可反于岷矣而况其流離四下也聖人之與管
成仁吾之推管出道仁有不足于道無去道而絲
仁

小匡第二十

內言三

評 就齊語詮次而小更益之益無加焉其更鐵
易金矣

桓公自莒反於齊使鮑叔牙為宰鮑叔辭曰臣君
之庸臣也君有加惠於其臣使臣不凍飢則是君

之賜也。若必治國家。則非臣之所能也。其唯管夷吾乎。臣之所不如管夷吾者五。寬惠愛民。臣不如也。治國不失秉。臣不如也。秉柄也柄所操以作事國柄者賞罰之紀要也忠信可結於諸侯。臣不如也。制禮義可法於四方。臣不如也。介冑執枹立於軍門。使百姓皆加勇。臣不如也。枹擊鼓槌夫管仲民之父母也。將欲治其子。不可弃其父母。公曰。管夷吾親射寡人中鉤。殆於死。今乃用之。可乎。鮑叔曰。彼為其君動也。君若宥而反之。其為君亦猶是也。公曰。然則為之柰何。鮑叔曰君使人請之魯公曰施伯魯之謀臣也彼知吾將用之必不吾予也鮑叔曰君詔使者曰寡君有不令之臣在君之國願請之以戮羣臣（戮以徇魯羣臣）君必諾且施伯之知夷吾之才必將致魯之政（既知其材故授以國政）夷吾受之則魯能弱齊矣夷吾不受彼知其將反於齊必殺之公曰然則夷吾受乎鮑叔曰不受也夷吾事君無二心公曰其於寡人猶如是乎對曰非為君也為先君與社稷之故君若欲定宗廟則亟請之不然無及也公乃使鮑叔行成

成平也與魯平曰公子糾親也請君討之魯人為殺公子
糾又曰管仲讎也請受而甘心焉魯君許諾施伯
謂魯侯曰勿予非戮之也將用其政也用之使知政管
仲者天下之賢人也大器也在楚則楚得意於天
下在晉則晉得意於天下在狄則狄得意於天下
今齊求而得之則必長為魯國憂君何不殺而受
之其屍魯君曰諾將殺管仲鮑叔進曰殺之齊是
戮齊也言戮以猶齊也殺之魯是戮魯也弊邑寡君願生
得之以徇於國為羣臣僇戮之以誡羣臣若不生得是君

與寡君賊比也。言親吾賊非弊邑之君所謂也。使臣不能受命。於是魯君乃不殺。遂生束縛而柙以予齊。柙檻鮑叔受而哭之。三舉。三舉其聲偽哀其將死也施伯從而笑之。笑其偽也謂大夫曰。管仲必不死。夫鮑叔之忍。不僇賢人。言多所容忍必不戮賢人其智稱賢以自成也。稱舉也鮑叔相公子小白先入得國。得國人心管仲召忽奉公子糾後入。與魯以戰。能使魯敗。謂魯師與齊戰能使魯敗而齊克也功足以得天與失天。其人事一也。管仲本圖將立小白今能敗魯而勝齊是其功也故於齊為得天於魯為失天至於能成人事則一

(通)得天失天管鮑之

題○按言鮑叔知齊無他難者以患恐其君驕故勤管仲使君戒於不佚且以顯仲之功則同衆必歸之勸戒致也
就○按言常人有為國得死力者功猶可異又今叔為桓得生仲功無以加矣

成敗以天不在人事小大臣異傳不可曰仲本圖

今魯懼殺公子糾召忽。囚管仲以予齊鮑叔知無後事。既得管仲則知後無禍難之事也必將勤管仲以勞其君必探管仲本敗魯勝齊之意以成其功勤而慰勞其君也以通才管仲而勤任之以輔桓勞來之勞願以顯其功。衆必予之。願君試用管仲以顯其定齊之功如此衆必與之與許也有得力死之功。猶尚可加也。顯生之功將何如。向是假令管仲力死成功但一時之事耳猶尚可加況不恥垢辱忍而生全齊將得之而霸以顯其本謀之功何善如之乎言不可加也昭德以貳君也。言昭管仲之德以為君之副貳鮑叔之知。不是失也。以鮑叔之智能

五十四手

及此圖必不失也至於堂阜之上。堂阜地名鮑叔祓而浴之三。祓謂除其凶邪之氣桓公親迎之郊。管仲詘纓插衽。示將就戮使人操斧而立其後。操斧者將受斧鉞之誅也公辭斧三。然後退之。退操斧者公曰。垂纓下衽。寡人將見。管仲再拜稽首曰。應公之賜。殺之黃泉。死且不朽。言君賜之死尚感恩不朽況生之乎公遂與歸。禮之於廟。三酌而問為政焉。曰。昔先君襄公高臺廣池。湛樂飲酒。田獵畢弋。不聽國政。卑聖侮士。唯女是崇。九妃六嬪。九妃謂諸侯所娶九女天子九嬪諸侯六也陳妾數千。食必粱肉。衣必文繡。而戎士凍飢。

趙○按設象即周禮懸法象魏也本謂上之所設案謂下所行

戎馬待游車之弊。（游車弊然後以為戎車）戎士待陳妾之餘。（陳妾食餘然後以食戎士）倡優侏儒在前而賢大夫在後。是以國家不日益。不月長。吾恐宗廟之不掃除。社稷之不血食。敢問為之柰何。管子對曰。昔吾先王周昭王穆王。世法文武之遠迹。以成其名。合羣國。比校民之有道者。設象以為民紀。（校試其人有道者與之設法象而為人紀）式美以相應。比綴以書。原本窮末。（其所用美事必令始終相應然後次比緝綴書之簡策故能原其本窮其末無不錯綜也）勸之以慶賞。糾之以刑罰。糞除其顛旄。（顛謂高之頂人或不壟闘旄者所以誓勒兵士言能務農息兵）

故糞其顛而除其旄（通）糞除顛旄埽除而養老重禮也以事先之禮事之賜予以鎮撫之以為民終始公曰為之柰何管子對曰昔者聖王之治其民也參其國而伍其鄙定民之居成民之事以為民紀謹用其六秉如是而民情可得而百姓可御桓公曰六秉者何也管子曰殺生貴賤貧富此六秉也桓公曰參國柰何管子對曰（評）國語定民居兩見文錯出著書者為鼇正合撮而先敘於成民事之上似有條理然事次而文則板制國以為二十一鄉商工

猶。按官官府也此言士之鄉下四句則商工虞之鄉也

之鄉六。士農之鄉十五。公帥十一鄉。高子帥五鄉

國子帥五鄉。參國故為三軍。公立三官之臣。謂三軍之官也

市立三鄉。工立三族。澤立三虞。山立三衡。自三鄉已下每皆置具官

制五家為軌。軌有長。十軌為里。里有司。四

里為連。連有長。十連為鄉。鄉有良人。三鄉一帥。桓

公曰。五鄙奈何。管子對曰。制五家為軌。軌有長。六

軌為邑。邑有司。十邑為率。率有長。十率為鄉。鄉有

良人。三鄉為屬。屬有帥。五屬一大夫。武政聽屬。以武為政者聽於屬

文政聽鄉。各保而聽。鄉屬之聽各自保之毋有淫佚

者桓公曰定民之居成民之事奈何管子對曰士農工商四民者國之石民也四者國之本猶柱之石也故曰石不可使雜處雜處則其言哤其事亂哤亂也是故聖王之處士必於閒燕處士閒燕則謀議審處農必就田壄處工必就官府處商必就市井立市必四方若造井之制故曰市井令夫士羣萃而州處閒燕每州之士羣萃共處閒燕謂學校之處則父與父言義子與子言孝其事君者言敬長者言愛幼者言弟旦昔從事於此旦昔猶朝夕也以教其子弟少而習焉其心安焉不見異物而遷焉異物謂異事非其所當習者

是故其父兄之教不肅而成，其子弟之學不勞而能。夫是故士之子常為士。今夫農羣萃而州處，審其四時，權節（於四時中又權量其節之早晚），具備其械器用（械器皆為田器），比耒耜穀芨（比偶其耒耜及穀芨小於耒耜，一人執之以隨耒耜之後，重治其闕遺。芨音捶），及寒擊槀除田，以待時乃耕（冬寒之月，即擊去其草之槀者，脩除其田，以待春之耕也），深耕均種疾耰（耰謂復種既已，均種當疾耰之），先雨芸耨，以待時雨。時雨既至，挾其槍刈耨鎛（在挾曰挾。槍，椿也；刈，鎌也；耨，鎡錤也；鎛，鉏也），以旦暮從事于田壄，稅衣就功（脫其常服以就功，役便事而省費），別苗莠，列疏遬（遬，密也，謂苗之疏密當均列之）。

首戴苧蒲（苧蔣也編苧與蒲以為笠）身服襏襫。（襏襫調麤堅之衣可以任苦著者也）沾體塗足。暴其髮膚。盡其四支之力。以疾從事於田野。少而習焉。其心安焉。不見異物而遷焉。是故其父兄之教不肅而成。其子弟之學不勞而能。是故農之子常為農。樸野而不慝。（農人之子朴質而野不為姦）其秀才之能為士者。則足賴也。（農人之子有秀異之材可為士者即所謂生而知之不習而成者也故其賢足可賴也）故以耕則多粟。以仕則多賢。是以聖王敬畏戚農。（以農民能致粟又秀材生焉故聖王敬畏農而戚之戚近）

（通）語農列第四而農民之秀者即為士故云

野處而不暱有司不告罪五此移第二而尾語不可刪別作敬畏農而去其告罪則非矣今夫工羣萃而州處相良材審其四時辨其功苦功謂堅美苦謂濫惡權節其用論比計制斷器尚完利裁斷為器貴於完利相語以事相示以功相陳以巧相高以知事以其能知器用之事相高旦昔從事於此以教其子弟少而習焉其心安焉不見異物而遷焉是故其父兄之教不肅而成其子弟之學不勞而能夫是故工之子常為工今夫商羣萃而州處觀凶飢審國變察其四時而監

其鄉之貨。監視也以知其市之賈負任擔荷服牛輅馬。以周四方料多少。計貴賤。以其所有易其所無買賤鬻貴是以羽毛不求而至竹箭有餘於國（通）羽旄竹箭齊所無也必買而後至奇恠時來珍異物聚旦昔從事於此以教其子弟相語以利相示以時。相陳以知賈。賈知物價相與陳說少而習焉其心安焉不見異物而遷焉是故其父兄之教不肅而成其子弟之學不勞而能夫是故商之子常為商。相地而衰其政。則民不移矣。相地沃墒以差其政則人安其沃墒而不移衰差也

（通）次土宜農墝上宜末間蕪宜士相地而差政四
民不移父子常爲矣正旅舊則民不惰國之軍旅正之以從舊貫則稟令而不惰山澤各以其時至則民不苟。苟謂非時入山澤也
陵陸丘井田疇均則民不惑。無奪民時則百姓富。
犧牲不勞則牛馬育。過用謂之勞桓公又問曰寡人欲
修政以干時於天下。其可乎。欲求天下諸侯修時下求也時時見曰會見之會管子對曰可。公曰安始而可。管子對曰。始於
愛民。公曰愛民之道柰何。管子對曰。公修公族家
修家族。使相連以事。相及以祿。則民相親矣。相連以事

則人慣抑相及以祿則恩情生故有親也放舊罪修舊宗立無後則民

殖矣。放舊罪則全人命修舊宗則收散親立無後則繼絕世故人殖殖生也省刑罰

薄賦斂則民富矣鄉建賢士使教於國則民有禮

矣出令不改則民正矣此愛民之道也公曰民富

而以親則可以使之乎管子對曰舉財長工以止

民用。工能積財舉而長之民則慕而不費用矣（通）舉財長工富之也陳

力尚賢教之也加刑無苛刑之也三具而使民備

凡財之生本于人工本末同之以舉以長民乃開

節而用止陳力尚賢以勸民知賢能陳力而崇上之民則勸而學知

矣加刑無苛以濟百姓行之無私則足以容衆矣出言必信則令不窮矣此使民之道也桓公曰民居定矣事已成矣吾欲從事於天下諸侯其可乎（欲從會事）管子對曰未可民心未吾安公曰安之柰何管子對曰修舊法擇其善者舉而嚴用之慈於民予無財（貧無財者當捷與之）寬政役敬百姓則國富而民安矣公曰民安矣其可乎管仲對曰未可君若欲正卒伍修甲兵則大國亦將正卒伍修甲兵君有征戰之事則小國諸侯之臣有守圉之備矣然則難

以速得意於天下公欲速得意於天下諸侯則事有所隱而政有所寓（不顯習其兵事故曰事有所隱軍政寓之田獵故曰政有所寓）公曰為之奈何管子對曰作內政而寓軍令焉為高子之里為國子之里為公里三分齊國以為三軍擇其賢民使為里君（每里皆使賢者為君）鄉有行伍卒長則其制令且以田獵因以賞罰（因田獵之功過行賞罰）則百姓通於軍事矣桓公曰善於是乎管子乃制五家以為軌軌為之長十軌為里里有司四里為連連為之長十連為鄉鄉有良人以為軍令是故五

家為軌五人為伍軌長率之十軌為里故五十人
為小戎里有司率之四里為連故二百人為卒連
長率之十連為鄉故二千人為旅鄉良人率之五
鄉一師故萬人一軍五鄉之師率之三軍故有中
軍之鼓（中軍則公之里卒也）有高子之鼓有國子之鼓春以
田曰蒐振旅（因寓軍政而且整旅）秋以田曰獮治兵（順殺氣因治兵）
是故卒伍政定於里軍旅政定於郊內教既成令
不得遷徙故卒伍之人人與人相保家與家相愛
少相居長相游祭祀相福死喪相恤禍福相憂居

處相樂行作相和哭泣相哀是故夜戰其聲相聞足以無亂晝戰其目相見足以相識驩欣足以相死是故以守則固以戰則勝君有此教士三萬人以橫行於天下教士謂先教習之士誅無道以定周室天下大國之君莫之能圉也正月之朝鄉長復事復白也公親問焉曰於子之鄉有居處為義好學聰明質仁慈孝於父母長弟聞於鄉里者有則以告有而不以告謂之蔽賢其罪五謂其罪當入於五刑而定其罰有司已於事而竣既畢於上事而後退公又問焉曰於子之鄉有拳

勇股肱之力筋骨秀出於衆者有則以告有而不以告謂之蔽才其罪五有司已於事而竣公又問焉曰於子之鄉有不慈孝於父母不長弟於鄉里驕躁淫暴不用上令者有則以告有而不以告謂之下比（下與有罪者比而掩蓋之）其罪五有司已於事而竣於是乎鄉長退而修德進賢桓公親見之遂使役之官（謂授之官而役之所以驗試其材能也）公令官長期而書伐以告（伐功）且令選官之賢者而復之曰有人居我官有功休德維順端愨以待時使（以慤善待時待可用之時而使之也）使民

恭敬以勸其稱秉言則足以補官之不善政謂此人所稱柄之言可以補不善之政公宣問其鄉里而有考驗宣遍也遍問其鄉里之人以考其所行皆有事驗乃召而與之坐省相其質以參其成功成事既有考驗召而與坐更省視其質體以參驗其所成功之事也可立而時設問國家之患而不肉其人既可將立之又時設問國家之患々知智謀之深淺不直相其骨肉而已肉者所謂皮肉也通肉如月朓朒之朒謂之側匿猶縮懦也退而察問其鄉里以觀其所能而無大過登以為上卿之佐為卿大夫之左名之曰三選名此人曰三大夫之選高子國子退而修鄉朝事既畢二大夫又如前

退修於鄉鮑叔在朝故不言鄉退而修連。連退而修里。里退而修軌。軌退而修家。是故匹夫有善。故可得而舉也。匹夫有不善。故可得而誅也。政既成。鄉不越長。朝不越爵。罷士無伍。罷謂乏於德義者周禮所謂罷人不義之衆恥以為伍也罷女無家。罷女猶罷士衆不娶之故無家士三出妻。逐於境外。三出妻所謂士也周極二三其德為政者之所忌故逐於境外也女三嫁。入於舂穀。三見出而嫁是不貞順者也故入於舂穀是故民皆勉為善。士與其為善於鄉。不如為善於里。與其為善於里。不如為善於家。家善則鄉善矣所謂居家治理可移於官是故士莫敢言一朝之便皆有終歲之計莫敢以終歲為議皆有終身之功（修政則人無苟且）正月之朝五屬大夫復事於公擇其寡功者而譙之曰列地分民者若一何故獨寡功何以不及人教訓不善政事其不治一再則宥三則不赦公又問焉曰於子之屬有居處為義好學聰明質仁慈孝於父母長弟聞於鄉里者有則以告有而不以告謂之蔽賢其罪五有司已事而竣公又問焉曰於子之屬有拳勇股肱之力秀出於衆者有則以告有而不以告謂之蔽才其罪五有司

已事而竣。公又問焉曰。於子之屬有不慈孝於父母。不長弟於鄉里。驕躁淫暴。不用上令者。有則以告有而不以告者。謂之下比。其罪五。有司已事而竣。於是乎五屬大夫。退而修屬。屬退而修連。連退而修鄉。鄉退而修卒。卒退而修邑。邑退而修家。是故匹夫有善可得而舉。匹夫有不善可得而誅。政成國安。以守則固。以戰則彊。封內治。百姓親。可以出征四方。立一霸王矣。可謂一霸王之功也桓公曰。卒伍定矣。事已成矣。吾欲從事於諸侯。其可乎。管子對曰未可。若軍令則吾既寄諸內政矣。夫齊國寡甲兵，吾欲輕重罪而移之於甲兵，公曰：為之柰何？管子對曰：制重罪入以兵甲犀脅二戟，輕罪入蘭盾鞈革二戟（蘭即所謂蘭錡兵架也。鞈革重革當心著之可以禦矢），小罪入以金鈞（三十金曰鈞），分宥薄罪入以半鈞（分宥謂從坐者分其首犯而寬宥之），無坐抑而訟獄者，正三禁之而不直則入一束矢以罰之（謂其人自無所坐而被抑屈為訟者，正當禁之三日，得其不直者則令入束矢也）。美金以鑄戈劍矛戟，試諸狗馬；惡金以鑄斤斧鉏夷鋸欘，試諸木土（夷鉏類也。鋸欘斫也）。桓公曰：甲兵大足矣。吾欲從事於諸侯。可乎。管仲對曰。未可。治内者未具也。為外者未備也。故使鮑叔牙為大諫。所以正諫君王子城父為將。弦子旗為理。理獄官甯戚為田。田以教農事自此已上理内已下理外隰朋為行。行謂行人也所以通使諸侯曹宿孫處楚。商容處宋。季勞處魯。徐開封處衛。匽尚處燕。審友處晉。令此諸賢各處諸侯之國者所以諷動之令歸齊也又游士八千人。奉之以車馬衣裘。多其資糧財幣。足之。使出周游於四方。以號召收求天下之賢士。飾玩好。使出周游於四方。鬻之諸侯。以觀其上下之所貴好。擇

[illegible]○國語註[illegible][illegible]渠彌海之名言都行高山大流軍士可依之為險阻

其流亂者而先政之。以政正也公曰外内定矣可乎管子對曰未可鄰國未吾親也。公曰親之柰何管子對曰審吾疆埸反其侵地。正其封界毋受其貨財而美為皮幣以極聘頫於諸侯。頫見也以安四鄰則鄰國親我矣。桓公曰甲兵大足矣。吾欲南伐何主謂以何國為征伐之主也管子對曰以魯為主反其侵地常潛常潛地名使海於有弊。或遇水灾教令泄於海使有弊盡也渠彌於河陼。後教宑渠彌亘於河備綱山於有牢教之立國城必依山以為綱紀而有牢固桓公曰吾欲西伐何主管子對曰以衛為主反其侵

趙。柴夫齊語作淼

地吉臺原姑與柴里。(皆地名) 使海於有獘渠彌於有
陼綱山於有牢桓公曰吾欲北伐何主管子對曰
以燕為主反其侵地柴夫吠狗。(亦地名也) 使海於有獘
渠彌於有陼綱山於有牢西鄰大親既反其侵地
正其封疆地南至於岱陰(謂岱山之北) 西至於濟北至
於海東至于紀隨(紀隨地) 地方三百六十里三歲治
定四歲教成五歲兵出有教士三萬人革車八百
乘諸侯多沈亂不服於天子於是乎桓公東救徐
州分吳半(分吳地之半) 存魯蔡陵(蔡陵地名) 割越地南據宋

鄭。既割越地又掠宋鄭之国以為親援也征伐楚濟汝水。伐楚時渡汝水踰方地。謂方城之地望文山。楚山也使貢絲于周室。使貢楚絲即所謂壓絲者也堪為琴瑟絃成周反胙於隆嶽。周室有事歸胙于齊齊太嶽之後故言隆嶽荊州諸侯莫不來服。中救晉公。禽狄王。敗胡貉。破屠何。屠何東胡之先也而騎寇始服。北狄以騎為寇北伐山戎。制泠支。斬孤竹。而九夷始聽。海濱諸侯莫不來服。西征攘白狄之地。遂至于西河。謂龍門之西河方舟投柎。乘桴濟河。至于石沈。石沈地名縣車束馬。踰大行與卑耳之貉。拘秦夏。與卑耳之貉共拘秦夏之不服者西服流沙而虞。〔西虞國名〕而秦戎始從。故兵一出而大功十二。〔自救徐州已下有十二也〕故東夷西戎南蠻北狄中諸侯國莫不賓服。與諸侯飾牲為載書。〔書謂要盟之辭載之於策〕以誓要于上下薦神。〔謂以上下之神祇為盟誓又以其牲薦之於神〕然後率天下定周室。大朝諸侯於陽穀。故兵車之會六。乘車之會三。九合諸侯。一匡天下。甲不解壘。兵不解翳。〔翳所以蔽兵謂贅楯之屬不解甲於壘不解兵於翳言不用也〕弢無弓。服無矢。〔弢弓衣也無弓無矢亦言不用也〕寢武事。行文道。以朝天子。葵丘之會。天子使大夫宰孔致胙於桓公。曰。余一人之命。有事於文武。有祭事於文王武王之廟也使宰孔致胙且有後命曰以爾自卑勞。以爾自卑而勞弊謂爾伯舅毋下拜桓公召管仲而謀管仲對曰為君不君。君命臣毋下拜是不君也為臣不臣。臣承命而不讓是不臣也亂之本也桓公曰余乘車之會三兵車之會六。九合諸侯。一匡天下。北至於孤竹山戎穢貉拘秦夏。西至流沙西虞。南至吳越巴牂牱瓪不庾雕題黑齒皆南夷之國號也荊夷之國莫違寡人之命而中國卑我。中國之人不尊崇推使居臣位是卑我也昔三代之受命者其異於此乎管子對曰夫鳳皇鸞鳥不降而鷹隼鴟梟豐庶神不格庶神不至則未歆其祭享守龜不兆守龜國之守龜不兆謂不以信誠告之握粟而筮者屢中長者不告而短者告是德之不至傳曰龜長筮短詩曰握粟出卜時雨甘露不降飄風暴雨數臻五穀不蕃六畜不育而蓬蒿藜藋徒弔反並興夫鳳皇之文前德義後日昌前包德義後有日昌明先德義乃可以日昌也昔人之受命者龍龜假假至也河出圖雒出書地出乘黃乘黃神馬也坤利牝馬之貞故從地出若漢之渥洼神馬之比今三祥未見有者三祥謂龜龍圖書乘黃也雖曰受命無乃失諸乎桓公懼出見客曰天威不違顏咫尺小白承天子

之命而毋下拜恐顛蹶於下以為天子羞遂下拜登受賞服大路龍旗九游渠門赤旂（渠門旗名）天子致胙於桓公而不受天下諸侯稱順焉桓公憂天下諸侯魯有夫人慶父之亂而二君弒死（慶父通莊公夫人姜氏弒子般又弒閔公）國絶無後桓公聞之使高子存之男女不淫（淫亂雜也）馬牛選具（選擇其善者以成具九欲以貢齊也）執玉以見請為關內之侯（請為齊關內之侯）而桓公不使也狄人攻邢桓公築夷儀以封之男女不淫馬牛選具執玉以見請為關內之侯而桓公不使也狄人攻衛

人出旅於曹。〔旅客也客居曹也〕桓公城楚丘封之。其畜以散亡。故桓公予之繫馬三百匹。〔謂馬在閑廄繫天養之言其良也〕天下諸侯稱仁焉。於是天下之諸侯知桓公之為已勤也。是以諸侯之歸之也譬若市人。桓公知諸侯之歸已也。故使輕其幣而重其禮。故使天下諸侯以疲馬犬羊為幣。〔疲謂瘦也〕齊以良馬報。諸侯以縷帛布鹿皮四分以為幣。〔謂四分其鹿皮〕齊以文錦虎豹皮報。諸侯之使垂橐而入。〔攟丘粉反〕載而歸。〔垂橐言其空也攟收拾也〕故鈞之以愛，致之以利，結之以信，示之以武。是故天下小國諸侯既服桓公莫之敢倍而歸之喜其愛而貪其利信其仁而畏其武桓公知天下小國諸侯之多與已也於是又大施忠焉可為憂者為之憂可為謀者為之謀可為動者為之動伐譚萊而不有也諸侯稱仁焉通齊國之魚鹽東萊（自東萊通魚鹽於諸侯）使關市幾而不正壥而不稅（幾察也察其姦非而不征稅）以為諸侯之利諸侯稱寬焉築蔡鄢陵培夏靈父丘（皆邑名）以衛戎狄之地所以禁暴於諸侯也築五鹿中牟鄴蓋與社丘以衛諸夏之地所以示勸

於中國也。教大成。是故天下之於桓公。遠國之民望如父母。近國之民從如流水。故行地滋遠。得人彌衆。是何也。懷其文而畏其武。故殺無道。定周室。天下莫之能圉。武事立也。定三革。車馬人皆有革甲曰三革偃五兵。朝服以濟河而無怵惕焉。謂乘車之會朝服濟河以與西諸侯盟也文事勝也。是故大國之君慙愧。小國諸侯附比。是故大國之君事如臣僕。小國諸侯驩如父母。夫然故大國之君不尊。不以國大加其尊禮小國諸侯不卑。不以國小而卑其敬是故大國之君不驕。小國諸侯不懾。旋是列廣地以益狹地。損有財以與無財。周其君子。不失成功。周給君子得其力用故不失成功也周其小人。不失成命。周給小人懷德而歸故不失成命也夫如是居處則順。出則有成功。不稱動甲兵之事。以遂文武之迹於天下。既以朝服濟河故不稱甲兵文德成也大國畏威事如臣僕武功立也桓公能假其羣臣之謀以益其智也。其相曰夷吾。大夫曰甯戚、隰朋、賓胥無、鮑叔牙。用此五子者何功。言何功而不成度義光德。繼法紹終。以遺後嗣。貽孝昭穆。大霸天下。名聲廣裕。不可掩也。則唯有明君在上。察相在下也。

初桓公郊迎管子而問焉管仲辭讓然後對以參
國伍鄙立五鄉以崇化建五屬以厲武寄兵於政
因罰備器械加兵無道諸侯以事周室桓公大說
於是齋戒十日將相管仲管仲曰斧鉞之人也幸
以獲生以屬其胥領屬綴連也臣之祿也若知國政非
臣之任也公曰子大夫受政寡人勝任言子受政而輔我我
則勝君之任也子大夫不受政寡人恐崩管仲許諾再拜
而受相三日公曰寡人有大邪三其猶尚可以為
國乎對曰臣未得聞公曰寡人不幸而好田晦夜

而至禽側。言夙興晦夜之時已至禽之側畔也田莫不見禽而後反其田必見禽多獲而後反諸侯使者無所致。百官有司無所復。既專於田故使者不得致命有司不得向事對曰惡則惡矣然非其急者也。公曰寡人不幸而好酒。日夜相繼。諸侯使者無所致。百官有司無所復。對曰惡則惡矣。然非其急者也。公曰寡人有污行。不幸而好色。而姑姊有不嫁者。對曰惡則惡矣。然非其急者也。公作色曰此三者且可。則惡有不可者矣。此三者尚以為可豈更有不可於此者對曰人君唯優與不敏為不可。優謂逶隨不斷優則亡衆不敏，不及事。公曰：善。吾子就舍，異日請與吾子圖之。對曰：時可將與夷吾，何待異日乎？可言之時，正與夷吾，不可待他日。公曰：奈何？對曰：公子舉為人博聞而知禮，好學而辭遜，請使游於魯，以結交焉。公子開方為人巧轉而兊利，請使游於衛，以結交焉。曹孫宿之為人小廉而苛忕，音逝。苛察忕察也。言多所慣習也。足恭而辭結，其辭緐，與人定交結。正荆之則也。言此人立行正與荆俗同，使之遊荆，必得其歡心。上二人亦然。請使往游，以結交焉。遂立行三使者而後退。使三使行出，然後退。相三月，請論百官。公曰：諾。管仲曰：升降揖讓進退閑習辨辭之剛柔臣不如隰朋請立為大行（大行，大行使之官）墾草入邑辟土聚粟多衆盡地之利臣不如甯戚請立為大司田平原廣牧（廣，遠，可牧之地）車不結轍士不旋踵鼓之而三軍之士視死如歸臣不如王子城父請立為大司馬決獄折中不殺不辜不誣無罪臣不如賓胥無請立為大司理犯君顏色進諫必忠不辟死亡不撓富貴臣不如東郭牙請立以為大諫之官此五子者夷吾一不如（於五子各不如其一）然而以易夷吾夷吾不為也（以五子之能易夷吾之德）

則夷吾所不能君若欲治國彊兵則五子者存矣若欲霸王夷吾在此桓公曰善（評）重言易見三者可無不可先秦法家之士政為此說故撫桓公之短而自文其毒至二世而行亦二世敗而驗猶天之有造于世不然宇宙皆糜爛萬古為長夕

（演）管氏封禪之對不經見左氏大都迂誕方士夸言傅會神仙家依主者太史公博摭異記以實其書因傳焉亦不知昉出何籍攟此中入小匡添益本語故文明此亦采本也政未必信即

信者齋賓有岱而封且仲詐之況儼然欲受命臨中夏以抗天子不詐乎無王之罪將浮問鼎于召狩請隧篋矣聖人何以一匡一諷嘉叙葵丘而諱河陽也著書者溺文而昧于義以是借餙為仲美乎不知其仲詬也一匡匡王耳君無王臣與同罪乎日所為轉移何居而口舌爭于一旦至爭而罪已昭于會矣凡此皆小匡之附益齋語而失者此辨其大耳

王言第二十一 闕

內言四 八卷終

管子榷卷第九

唐司空房　玄齡注

明道民朱　長春　榷

霸形第二十二　霸言第二十三

問第二十四　謀失第二十五

霸形第二十二 陳霸言之形容

內言五

（評）都虛言虛事為美夸張戰國法家流之託筆也其文亦戰國體華宕雄駿如出辨口稷下諸

先生為之耶取辭焉善矣○散散敘次如不關
應中關應先秦之妙

桓公在位管仲隰朋見立有間有貳鴻飛而過之桓公歎曰仲父今彼鴻鵠有時而南有時而北有時而往有時而來四方無遠所欲至而至焉非唯有羽翼之故是以能通其意於天下乎管仲隰朋不對桓公曰二子何故不對管子對曰君有霸王之心而夷吾非霸王之臣也是以不敢對桓公曰仲父胡為然盍不當言寡人其有鄉乎何不陳當言令寡人

有所歸向寡人之有仲父也。猶飛鴻之有羽翼也。若濟大水有舟楫也。仲父不一言教寡人。寡人之有耳將安聞道而得度哉。言何以自度得至於霸王哉管子對曰。君若將欲霸王舉大事乎。則必從其本事矣。桓公變躬遷席拱手而問曰。敢問何謂其本。管子對曰。齊國百姓。公之本也。人甚憂飢而稅斂重。人甚懼死而刑政險。人甚傷勞而上舉事不時。公輕其稅斂則人不憂飢。緩其刑政。則人不懼死。舉事以時。則人不傷勞。桓公曰。寡人聞仲父之言。此三者聞命矣不敢擅也將薦之先君不敢專擅自發此命將進之宗廟告先君而後行所謂以神道設教者也於是命百官有司削方墨筆方謂版牘也凡此欲書其所宣令也明日皆朝於太廟之門朝定令於百吏因朝廟而定百吏之令也使稅者百一鍾假令百石而取一鍾孤幼不刑澤梁時縱放人入不設禁關譏而不征市書而不賦書謂錄其名籍近者示之以忠信遠者示之以禮義行此數年而民歸之如流水此其後宋伐杞狄伐邢衛桓公不救裸體紉胷稱疾紉猶摩也自摩其胷若有所痛患也召管仲曰寡人有千歲之食而無百歲之壽今有疾病姑樂

乎管子曰諾於是令之縣鍾磬之榬于元反榬所以嚴飾之陳歌舞竽瑟之樂日殺數十牛者數旬評敘桓仲君臣一段佯疾不救以愚弄諸臣事詞景色種種如畫直臣請以慶四言歸結如陣法如禪偈如射覆秦策中敘范雎昭王相見一段情事畧相當羣臣進諫曰宋伐杞狄伐邢衛君不可不救桓公曰寡人有千歲之食而無百歲之壽今又疾病姑樂乎且彼非伐寡人之國也伐鄰國也子無事焉宋已取杞狄已拔邢衛矣桓公起行筍虡之閒管子

從至犬鍾之西桓公南面而立管仲北鄉對之大鍾鳴桓公視管仲曰樂夫仲父管子對曰此臣之所謂哀非樂也臣聞之古者之言樂於鍾磬之間者不如此言脫於口而令行乎天下（脫出也）游鍾磬之間而無四面兵革之憂今君之事言脫於口令不得行於天下在鍾磬之間而有四面兵革之憂此臣之所謂哀非樂也桓公曰善於是伐鍾磬之縣（伐謂斫斷也）併歌舞之樂（併除也）宮中虛無人（不令人掌守之）桓公曰寡人以伐鍾磬之縣併歌舞之樂矣請問

所始於國將為何行管子對曰宋伐杞狄伐邢衛而君之不救也臣請以慶以不救為是故慶之臣聞之諸侯爭於疆者勿與分於疆若救三國是分於疆今君何不定三君之處哉三君既失國當定其居處也於是桓公曰諾因命以車百乘卒千人以緣陵封杞車百乘卒千人以夷儀封邢車五百乘卒五千人以楚丘封衛桓公曰寡人以定三君之居處矣今又將何行管子對曰臣聞諸侯貪於利勿與分於利君何不發虎豹之皮文錦以使諸侯令諸侯以縵帛鹿皮報桓公曰

諸於是以虎豹皮文錦使諸侯諸侯以縵帛鹿皮報則令固始行於天下矣兵其後楚人攻宋鄭燒焫熯焚鄭地使城壞者不得復築也屋之燒者不得復葺也令其人有喪雌雄失男女之偶居室如鳥鼠處穴要宋田夾塞兩川使水不得東流楚人又遮取宋田夾兩川築堤而壅塞之故水不得東流兩川盖睢汴也東山之西水深滅垝垝敗牆也四百里而後可田也

（評）詞如綺叙事之巧然要知可為著書不可為史二種文自兩家一國體一詞體故孟堅賛史記曰其文直其事核楚欲吞宋

鄭而畏齊。曰思人衆兵彊能害已者。必齊也。於是乎楚王號令於國中曰寡人之所明於人君者莫如桓公。所賢於人臣者莫如管仲。明其君而賢其臣寡人願事之。既以其君臣為明賢故願事之誰能為我交齊者寡人不愛封侯之君焉。於是楚國之賢士。皆抱其重寶幣帛以事齊。桓公之左右。無不受重寶幣帛者。於是桓公召管仲曰寡人聞之。善人者人亦善之。今楚王之善寡人一甚矣。寡人不善。將拂於道。拂違也若不報善之是違於道也仲父何不遂交楚哉。管子對曰

不可。楚人攻宋鄭，燒焫熯焚鄭地，使城壞者不得
復築也，屋之燒者不得復葺也。令人有喪雌雄，居
室如鳥鼠處穴。要宋田，夾塞兩川，使水不得東流，
東山之西，水深滅垝，四百里而後可田也。楚欲吞
宋鄭，思人衆兵彊而能害己者，必齊也。（評）全述前
語，戰國文如此。是欲以文克齊，以寶幣賂齊，而齊自服，故曰以文克齊。
而以武取宋鄭也。楚取宋鄭而不知禁，是失宋
鄭也；禁之，則是又不信於楚也。知失於內，兵困於
外，非善舉也。桓公曰：善。然則若何？管子對曰：請興

兵而南存宋鄭而令曰無攻楚言與楚王遇。冬會曰遇。
至於遇上。而以鄭城與宋水為請楚若許。則是我
以文令也。楚若不許。則遂以武令焉。評文奇事亦
奇因其文武而文武用之所謂太上貴因陰陽轉
移仲氏之所以匡伯也要王之因因順之伯之因
因反之順為道反為權自五伯以降皆非權不行
于天下矣世也如何善者權之于道逆之歸順庶
幾哉留侯武侯梁公桓公曰善。於是遂與兵而南
存宋鄭與楚王遇於召陵之上。而令於遇上曰毋

貯粟毋曲隄無擅廢適子無置妾以爲妻因以鄭城與宋水爲請於楚楚人不許遂退七十里而舍使軍人城鄭南之地立百代城焉取其雖百代而無敢毀者也

評召陵之師兩君無遇也安所令又安請宋鄭安有百代城文傳乎

曰自此而北至於河者鄭自城之而楚不敢隳也東發宋田夾兩川使水復東流而楚不敢塞也遂南伐及踰方城濟於汝水望汶山汶音岷岷山江水所從出南致楚越之君而西伐秦北伐狄東存晉公於南自伐秦而遂存晉於晉之南故曰東存北伐孤竹還

存燕公兵車之會六乘車之會三九合諸侯反位
已霸修鍾磬而復樂管子曰此臣之所謂樂也（評）
一泠語應上作結先秦史記外無此體
（評）存三亡國在齊桓之始年未足詘天下以力
又未敢毒天下以兵又未有為結天下以心計
唯德始而乃後王不德可故偃甲導晦而捐封
以義然義士猶非之揆初末而誅意一統政而
無專封尒有是乎佯疾不救敗而後起將我故
與亡之而假存之天下其誰不解體九合奚行

鞭長不及大武不遠五伯會盟之後諸侯屬也
有鬬同室也未盟之先各守其郊主其國鄉隣
之不啻而被髮之救感也當其任為義非任為
爭義天下服其德爭天下疑其利已則不競而
競于人一蹶不振矣故不救是也兵出萬全也
謂不救以利人之禍又自利名吾不敢信險穽
安忍之尤何用曰正而不譎如其仁如其仁夫
管子士議之所借尊也將反以尊之為禦之則
此類是也

霸言第二十三 謂此言足以成霸道

內言六

評文不成一篇散散段落故不曰霸論霸謀而曰霸言節取之如綱珠采玉足為國寶至於珠聯玉藻猶在工人手文心將心文勢陣勢虎賁三千君子六千大可王小可伯七國十節度敗而潰焉文人不可不知此法

評如聖教集字可采不可臨蘭亭方是一筆書書家不解往往失筆意故米元章常自謂中年

書人以爲集古其進之矣○初陣雄梟精采壁壘生色部曲揮風中半以後陽節盡陰節不守脊漸弛散矣頗又參差重複故淮陰多多益難不善尾者霸王七十之勝也

霸王之形象天則地（謂象天明則地義）化人易代（謂美教化移風俗）創制天下（與之更始）等列諸侯（列爵惟五各得其宜）賓屬四海（賓禮四夷以恩屬之）時匡天下（時一會而正之）大國小之曲國正之彊國弱之重國輕之亂國并之（并亂所以總其威權）暴王殘之僇其罪卑其列維其民然後王之（其王之凶暴者則殘滅之）

於國戮其首罪卑其爵列繼持其人衆夫豐國之謂霸但自豐其國者霸也兼正之國之謂王兼能正他國者王夫王者有所獨明德共者不取也道同者不王也大能王天下者必有獨見之明舉物之所不違若彼德與我共彼道與我同則不取而且不王夫爭天下者以威易危暴王之常也若以兵威易彼危亂此固暴王之常也非霸王之道也君人者有道有常道也霸王者有時必遇其時然後霸王國修而鄰國無道霸王之資也我修而彼暴可以取亂侮亡故曰資也夫國之存也鄰國有焉雖存而國小弱必事鄰國以為安故曰鄰國有焉國之亡也鄰國有焉因其亡而取之鄰國有事鄰國得焉鄰國有征伐之事因而敗績故

鄰國得焉鄰國有事鄰國亡焉或有征伐之事大勝而多獲遂亡鄰國天下有事則聖王利也必有非常之事然後有非常之人國危則聖人知矣懷獨見之明故先知夫先王所以王者資鄰國之舉不當也舉事皆當則我無因為功舉而不當此鄰敵之所以得意也不當所以資我故得意也夫欲用天下之權者必先布德諸侯諸侯懷德而歸欲求無權其可得乎是故先王有所取有所與所謂將欲取之必姑與之有所詘有所信所謂尺蠖之屈以求伸也然後能用天下之權妙於前四事故能用天下之權夫兵幸於權權幸於地兵幸在於有權權從在於得地也幸猶勝也故諸侯之得地利者權從

之失地利者權去之。夫爭天下者必先爭人。人惟邦本明大數者得人，審小計者失人。得天下之衆者王，得其半者霸。是故聖王卑禮以下天下之賢而王之，均分以釣天下之衆而臣之。既王有地均分其祿用此以引天下之衆故可得而臣之也故貴為天子，富有天下，而伐不謂貪者，其大計存也。得地均分可以臣彼地自利彼於我何貪此其大計也以天下之財利天下之人，以明威之振。利天下之人還用天下之財於我無所減削更可以明威權之振所謂惠而不費者也合天下之權，以遂德之行，結諸侯之親。合天下之權皆令在己權總則德遂德遂則親成也以姦倿之罪刑天下之心。所謂懲一而勸百因天下之威以廣明王之伐。明天下所欲亡而亡之則明明王之伐自廣攻逆亂之國賞有功之勞封賢聖之德明一人之行而百姓定矣。賞加一人而天下勸罰加一人而天下畏故曰明一人之行而百姓定矣夫先王取天下也術。非術則無以取天下也術乎大德哉物利之謂也。術可以取天下故曰大德然術之所歸在於令物得利也

㊟演 非術無以取天下非德無以權術術以運布其德者孟子曰德慧術知含其元元襲其詭詭含人之所往獵人之所昧徂來有不死于詐人未有不死于術也國將不保何以

取天下故曰物利之謂也以利物而我無分利盡

天下而人不爭所云以欲從人皆得以人從欲罔

濟也是以術曰德德曰大不大之德終歸于術夫

使國常無患而名利竝至者神聖也神聖則多所感致國

在危亡而能壽者明聖也明聖則不失事機是故先王之

所師者神聖也其所賞者明聖也賞謂樂寵也㊟曰使

國壽國皆主臣則賞者爵祿慶予也夫一言而壽

國用其言故壽也不聽而國亡若此者大聖之言也夫明

王之所輕者馬與玉其所重者政與軍若失主不

然輕與人政而重予人馬輕予人軍而重與人玉
重宫門之營而輕四竟之守所以削也夫權者神
聖之所資也獨明者天下之利器也獨斷者微密
之營壘也（謂獨斷可以自營而即定故曰營壘）此三者聖人之所則
也聖人畏微而愚人畏明（聖人能知吉凶之先見故曰畏微愚人近火方知熱履冰乃知寒故曰畏明也）聖人之憎惡也內愚人之憎惡也
外（聖人知心腹之姦謀故憎惡內愚人兵在頸方懼故憎惡外也）【演】畏微畏明憎
內憎外老氏之旨也伯家引其緒經政聖人獨藏
其精以治身身治故靜而正之天下弗知也而常

善救物善救人精緒自人而觀佘聖人何分哉尸居而龍見從容而炊累不出戶而天下知矣是以名法之治勞帝王之治逸勤術知之用一抱蜀之守所由與神情異也故曰畏曰憎中庸之戒懼耶易之乾惕耶戒而發中惕而躍淵神哉無爲而無不爲矣聖人將動必知愚人至危易辭【聖人之動必闇知愚者至危不知禍之將至尚有慢易之辭然後湯武之師起也】聖人能輔時不能違時【聖人能因時來輔成其事不能違時而立功不有桀紂之暴則無湯武之功】知者善謀不如當時精時者日少而功多夫謀無主則

國事無備則廢是以聖王務懼其備而慎守其時以備待時以時興事時至而舉兵絕堅而攻國其兵超絕而又堅利故能攻國㊣避堅而攻瑕破大而制地大本而小標標末也本大而末小則難崩㊣大本小標漢之先破諸侯以攻項也地近攻遠秦之親中國為天下樞也坐近而攻遠。所全之地近故能攻遠而有歸若高光之有關中河內也以大牽小以彊使弱。以衆致寡務德利百姓威振天下令行諸侯而不拂。近無不服遠無不聽夫明王為天下正理㊣正而治之也。修正理而動故能成天下之功也按彊助弱。按抑

也

圉縣止貪存亡定危繼絕世此天下之所載已德義如此故為天下所載諸侯之所與也。與親也百姓之所利也是故天下王之。天下樂推以為王知蓋天下。繼最一世。其繼敗續亡能成天下之功也材振四海。王之佐也。千乘之國得其守。諸侯可得而臣。天下可得而有也。萬乘之國失其守國。引其國也。許國非其國六下文體錯落變化可法天下皆理已獨亂國。非其國也。諸侯皆令皆從霸者之令已獨孤國。非其國也。鄰國皆險已獨易易乎易不守周謂無守禦之備也國。非其國也。此三者亡國之徵也。

夫國大而政小者國從其政（小政蹴國故國從其政）國小而政大者國益大（大政開國故國益大）大而不為者復小（大而不為則日損故復小）彊而不理者復弱（彊而不理則綱紀亂故復弱也）衆而不理者復寡（衆而不理則人散故復寡）貴而無禮者復賤（貴而無禮則位奪故復賤也）重而凌節者復輕（重而凌節則威喪故復輕）富而驕肆者復貧（富而驕肆則財竭故復貧也）故觀國者觀君（君為化主）觀者觀將（將為兵本）觀備者觀野（野有障塞則國不侵）其君如明而非明也（外明而內暗）其將如賢而非賢也（外賢而內愚）其人如耕者而非耕也（雖耕而鹵莽）三守既失國非其國也

三守謂明賢耕而既失謂是而非地大而不為命曰土滿謂土廣而功狹也人衆而不理命曰人滿謂人多而政少兵威而不止命曰武滿所謂亢之為言也知進而不知退也三滿而不止國非其國也三滿不止敗亡立至地大而不耕非其地也地大不耕則無所獲卿貴而不臣非其卿也卿貴不臣化為敵也謂卿大夫人衆而不親非其人也人衆不親欲亡者也夫無土而欲富者憂無土欲富猶緣木而求魚故憂也無德而欲王者危無德而王猶欲進而卻行故危施薄而求厚者孤施薄求厚人必不應故孤夫上夾而下苴苴苞裹也上既狹故為下所苞國小而都大者弑此二者常有篡弑之禍主尊臣卑上

趙曰摶專也君不能專命則國不聽也

威下敬。令行人服。理之至也。使天下兩天子。天下不可理也。一國而兩君。一國不可理也。一家而兩父。一家不可理也。凡此所謂兩權必爭亂之本也夫令不高不行。不摶不聽。摶聚也君命不高不聚而聽之堯舜之人。非生而理也。化之而理桀紂之人。非生而亂也。教之而亂故理亂在上也。夫霸王之所始也。以人為本。本理則國固。本亂則國危。故上明則下敬。政平則人安。士教和則兵勝敵。使能則百事理。親仁則上不危。任賢則諸侯服。霸王之形。說霸王之形容德義勝之。智謀勝之。兵戰勝之。

地形勝之。動作勝之。故王之。有此五勝故可以王夫善用國者。因其大國之重。以其勢小之。因彊國之權。以其勢弱之。因重國之形。以其勢輕之。凡大彊重皆國之盈盛者也然盛者有時而衰盈者有時而息故因其衰息之勢大者小之彊者弱之重者輕之彊國衆。合彊以攻弱。以圖霸。謂時彊國衆多吾國雖彊亦可圖霸彊國少。合小以攻大。以圖王。謂時彊國既少我則合衆聚小以攻彊大之國如此者可以圖王彊國衆而言王勢者。愚人之智也。非言王之時彊國少而施霸道者。敗事之謀也。非施霸之時夫神聖視天下之形。知動靜之時。視先後之稱。知禍福之門。彊

國衆先舉者危後舉者利彊國衆先舉必為彊者所圖故危彊國
少先舉者王後舉者亡戰國衆後舉可以霸戰國
少先舉可以王夫王者之心方而不最心雖方直未為其最
列不讓賢雖列爵位不讓賢後賢不齒第擇衆雖稱為賢無優劣齒第又
非選衆而舉也是貪大物也大物謂大寶之位有與數者是定貪大位之利而無得位
之實也是以王之形大也不可以小數得夫先王之爭天下
也以方心心方而最故可以爭天下也其立之也以整齊整而齊之
故可立也其理之也以平易平而易之故可理立政出令用人
道政令須合人心施爵祿用地道地道平而無私舉大事用天道

必應天時然後可以舉大事是故先王之伐也，伐逆不伐順，伐險不伐易，伐過不伐及。伐其大過者四封之內，以正使之，以正使之則人無怨諸侯之會，以權致之。以權致之則不敢不來近而不服者，以地患之。侵削其地則自服遠而不聽者，以刑危之。興師以征之一而伐之，武也。守一不移興師伐之此其武也服而舍之，文也。既服舍之綏之以德此其文也文武具滿，德也。唯文武諸功可以滿其德夫輕重彊弱之形，諸侯合則彊，孤則弱。驥之材，而百馬伐之，驥必罷矣。彊最一伐，而天下共之，國必弱矣。彊國得之也，以收小；其失之也，以恃彊。

◎

規。按制節謂事大國學其法令

小國得之也以制節。制度合節故得其失之也以離彊。離彊則乖節者也故失（通）不附大也下折節應夫國小大有謀彊弱有形服近而彊遠。謂用彊兵威遠國故曰彊遠王國之形也。合小以攻大敵國之形也。以負海攻負海。謂以蠻夷攻蠻夷蠻夷負海以為固故曰負海中國之形也。折節事彊以避罪小國之形也。自古以至今未嘗有先能作難違時易形以立功名者無有。言無有此事常先作難違時易形無不敗者也。夫欲臣伐君。以臣伐君若湯武之於桀紂也正四海者不可以兵獨攻而取也。謂當兼下事必先定謀慮

便地形利權稱親與國視時而動王者之術也夫
先王之伐也舉之必義用之必暴（其用師必加於暴亂）相形
而知可（謂相其亂亡之形）量力而知攻攻得而知時是故
先王之伐也必先戰而後攻先攻而後取地故善
攻者料衆以攻衆（量我衆寡可敵彼衆然後攻餘倣此）料食以攻食
料備以攻備以衆攻衆衆存不攻（彼衆存則我不能亡之故不攻）
以食攻食食存不攻以備攻備備存不攻釋實而
攻虛（知其實而避之）釋堅而攻脆釋難而攻易夫摶國不
在敦古（在於合今時之宜摶聚也）理世不在善攻（在於權宜）霸王不

在成曲。（在於全大體）夫舉失而國危，刑過而權倒。（刑罰過理，則權柄倒錯）謀易而禍反。（謀事數易，禍必反來）計得而疆信。（音申）功得而名從，權重而令行，固其數也。（數猶理也）夫爭疆之國，必先爭謀、爭刑、爭權。（先此三爭，然後爭疆）令人主一喜一怒者，謀也。（謀得則喜，謀失則怒）令國一輕一重者，刑也。（刑得則重，刑失則輕）令兵一進一退者，權也。（權重則進，權輕則退）故精於謀則人主之願可得而令可行也，精於刑則大國之地可奪、疆國之兵可圍也，精於權則天下之兵可齊、諸侯之君可朝也。夫神聖視天下之刑，知世之所謀知兵之所攻知地之所歸知令之所加矣夫兵攻所憎而利之（通）得者楚莊之封陳失者田閔之取燕此鄰國之所不親也兵攻所憎之國而以攻得為利德義不施鄰國以怨而不親權動所惡而實寡歸者彊其威權既動移所惡而德義之實少為人所歸如此但彊而已不能至霸王也擅破一國彊在後世者王令能專破一國常守其彊傳之後世如此者王也擅破一國彊在鄰國者亡既破一國不能守彊令鄰國得之如此者亡也（通）范雎謂遠攻齊夫差之爭中原

問第二十四謂為國所當察問者

内言七

評 疊下六十問轉折陸離為滑稽戲耶以為天下之至奇亦天下之至無奇也癡一於宮癡一於室鼓之二十五弦皆動此其癡耶非耶將一宮耶禪家三十二相只一佛五十三參都見佛更能現非佛否

凡立朝廷問有本紀所問之事必有根本綱紀爵授有德則大臣興義祿予有功則士輕死節上帥士以人之所戴則上下和上帥其士所為者皆人之所戴仰故上下和授事以能則

人上功 有能然後得事故人上功 審刑當罪則人不易訟 易猶交也 所刑皆當其罪故人不交相訟 ㊂通 易訟無情之詞也 無亂社稷宗廟則人有所宗 社稷宗廟各得其正則人知所宗 毋遺老忘親則大臣不怨 大臣非國老則君親令不遺亡故不怨 舉知人急則衆不亂 ㊂通 知小人之依念下民之咨盡悉病瘵而善救之衆無急安得亂此句行此屬下 行此道也 急謂困難也舉困難之事以示人則人不後行此道 國有常經人知終始此霸王之術也 國有常經則人知終始之所歸知此者霸王之術也 然後問事事先大功 先問大功則勞臣悦 政自小始 為政先小從微而至著 問死事之

孤其未有有田宅者有乎。未有則給與之死事孤謂死王事之子孫問少
壯而未勝甲兵者幾何人。知其數則預有所準問死事之寡
其餼廩何如。寡謂其妻餼稟言給其餼廩餼生食廩米粟之屬問國之有
功大者何官之吏也。問何官之吏欲知其材之所當問州之大夫
也。何里之士也。問何州里欲知其風俗所好尚令吏亦何以明之
矣。問吏所明欲知其優賞厚薄問刑論有常以行不可改也。今
其事之久留也何若。謂既論決國有常科當奉而行之此不可改易者也今乃
久留其事將如之何問五官有度制官都其有常斷今事之
稽也何待。官都謂總攝諸司者也五官既各有制度官都復自有常斷今乃稽其事務

行將何待乎問獨夫寡婦孤寡疾病者幾何人也。知其人數當有所稟餼問國之棄人。何族之子弟也。棄人謂有過不齒放之四裔者也問知其族欲有所收也問鄉之良家其所牧養者幾何人矣。良家謂善營生以致富者牧養謂其人不能自存良家全活之知其所養之數欲有所復除也問邑之貧人。債而食者幾何家。債而食謂從富者出息以供食知其家數欲有所矜免也問理園圃而食者幾何家。人之開田而耕者幾何家。士之身耕者幾何家。問鄉之貧人。何族之別也。知從何族而別或從公族當有所收恤也問宗子之收昆弟者。以貧從昆弟者幾何家。以貧故從昆弟以求養者與之從者各有幾家

也

餘子仕而有田邑今入者幾何人。謂收入其稅者子弟以孝聞於鄉里者幾何人。餘子父母存不養而出離者幾何人。出離謂父母在分居者士之有田而不使者幾何人。吏惡何事。不使謂不用其吏不惡此等當惡何事士之有田而不耕者幾何人。身何事。既不耕此人身為何事君臣有位而未有田者幾何人。外人之來從而未有田宅者幾何家。國子弟之游于外者幾何人。貧士之受責(通)古債字於大夫者幾何人。貧士無資而被大夫責者有幾人官賤行書身士。以家臣自代者幾何人。其人居官乃賤自行文書身往士職輒以家臣自代亦須知其數也官承吏通承吏吏也今尚曰吏承之無田餼而徒理事者幾何人。承吏謂攝官無餼而空理事羣臣有位事官大夫者幾何人。羣臣自有位事乃左官於大夫外人來游在大夫之家者幾何人。外人謂外國人鄉子弟力田為人率者幾何人。既自力田又能率人國子弟之無上事衣食不節率子弟不田弋獵者幾何人。既無上事乃率子弟不田農但弋獵男女不整齊亂鄉子弟者有乎謂不以禮交者問人之貸粟米有別券者幾何家。別券謂分契也問國之伏利其可應人之急者幾何所也。伏利謂貨利隱藏不見若銅銀山及

（溝瀆可決而溉灌者）人之所害於鄉里者何物也（人之為害者害何物）問士之有田宅身在陳死者幾何人餘子之勝甲兵有行伍者幾何人問男女有巧伎能利備用者幾何人（能利備器之用）處女操工事者幾何人（能操女工之事謂綺繡之屬也）冗國所開口而食者幾何人（言其不農作直開口仰食）問一民有幾年之食也問兵車之計幾何乘也牽家馬軶家車者幾何乘（牽家馬言直有馬軶家車言直有車相配以成乘）處士修行足以教人可使帥衆莅百姓者幾何人士之急難可使者幾何人（謂士之可以急難使者）工之巧出足

以利軍伍處可以修城郭補守備者幾何人其人既有技巧出用則能利軍居處則可以修城補備也城粟軍糧其可以行幾何年也行由經也城粟謂守城之粟軍糧謂出軍之糧二者可經幾年使者幾何人大夫疏器疏謂飾畫也甲兵兵車旌旗鼓鐃帷幕帥車之載幾何乘載謂其車蓋疏藏器疏畫而可以藏者弓弩之張弓弩之可以張者衣夾鋏鋏兩刃鈹也衣夾謂其衣也鉤弦之造鉤弦所以挽弦戈戟之緊緊謂其堅彊者其厲何若其淬厲可用何如其宜修而不修者故何視視比也其器物宜修者於故物何比而造修之官出器處器之具宜起而未起者何待

四七十六仲

出器謂可出用之器處器謂貯庫而為備者契謂其材所經日月可起用者也鄉師車輜造修之具其繕何若輜謂車之有防蔽可以重載者工尹伐材用毋於三時羣材乃植而造器定冬完良備用必足工尹工官之長三時謂春夏秋此時木方生植不堅故不可伐材其伐材必以冬也人有餘兵議陳之行以慎國常方戰有餘兵不用且詭而陳之以為行伍當慎而聽命遵國之常令也時簡稽帥馬牛之肥膌其老而死者皆舉之軍之統帥常時簡選稽考之以知其能不而有黜陟至於馬牛肥膌及老而死者皆舉之以知其數也其就山藪林澤食薦者幾何薦草之美者出入死生之會幾何會謂合其數若夫城郭之厚薄溝壑之

淺深門閭之尊卑，宜修而不修者，上必幾之。幾，察也。君必察知之。守備之伍，器物不失其具，淫而各有處藏。器物逾而不藏，必致窳敗，故當有藏處。問兵官之吏、國之豪士，其急難足以先後者幾何人？官吏國豪有急難可令之先後者，當知其數。相尊前後曰先後。詩曰：予曰有先後。夫兵事者，危物也，不時而勝，不義而得，未為福也。必合於時義，然後為福。失謀而敗，國之危也，慎謀乃保國。（許）國之大事曰戎，故申嚴之，亦長慮連行于體，不得不錯綜示變，古文皆然。問所以教選人者何事？其數人及選人者，問以何事，欲知其勤，且觀其材用也。問執官都者其位事幾何年矣。執官都者問其官位及執事并建立之年數所辟草萊有益於家邑者幾何矣。所封表以益人之生利者何物也。謂其事業最可以益人者遂封表以示之問知是何物也。所築城郭修牆閉絕通道阨闕深防溝以益人之地守者何所也。牆閉謂築牆有所遮閉雖通路而為防礙者絕塞之阨闕空之處亦當絕之凡此守地者所以省其功費故曰益地守所捕盜賊除人害者幾何矣。

制地通地市關三令君所申布於三官關於執禁譏察為多關以外則邊邊以隣為主總之皆地政

也故曰制地君曰理國之道地德爲首。當制地之時君爲此言故言曰法地以爲政故故曰地德爲首君臣之禮地有高下君臣之禮也父子之親爲地下覆下地上承父子之親也（通）上勞心而食下勞力而養父有恒産子有世業是君臣父子覆育之道一出于地覆育萬人。百貨出於地人得以生焉故曰覆育萬人官府之藏彊兵保國城郭之險外應四極。四極謂國之四鄙也自官府已下兼地剥無所容居具取之地。凡山皆因地而成故曰具取之地而市者天地之財具也。求天地之財不登山不入海於市求而得之故曰天地之財具而萬人之所和而利也。和謂交易也萬人因市交易而得利正是道也。言市正合道之理民荒無苛句人盡地之職一保其國欲理荒人無得苛虐但使盡地之職自然齊一而保國也通民荒無苛句言地市之道盡雖歲荒而民不苛人連下為句自通各主異僚毋使讒人亂普而德營句九軍之親自君以下其位既異當各主之無使讒人交亂普廢其德如此則九事之親自營也通亂為句屬讒人普而德營句言其德普及而人得營生則九軍之人皆親矣關者諸侯之陬隧也謂陬隅之道也而外財之門戶也他國之財因之而入萬人之道行也謂因此出入明道以重告之當明道路之令再重而告之征於關者勿征於市征於關謂行商

征於市者勿征於關征於市謂坐賈虛車勿索索虛市盜其須搜

徒負勿入徒負貨既寡故勿令入其征以來遠人關征如此可以來遠人

十六道同謂國凡有十六道皆置關並同此令身外事謹則聽其名

謂出入於關者身之外事既謹而從令皆當聽其名之虛偽也視其名視其色既知

其名又須視其色之是非是其事稽其德既知其色又須是正其事以考合其德也

以觀其外既知其德又觀其外以校量之則無敎於權人以困貌

德敎猶厚也校察如此則權詐之人無以成其厚校察行則困厚姦非困而不生故曰以困貌德

(通)言外事既謹而名色事德各察之以觀外則權

詐之人無所行其敎而額德者不足困我也蓋詰

奸者必使貌厚心險無所行而國乃不惑豈曰異言異服而已國則不惑行之職也。國無姦人所以不惑凡此掌行者之職問於邊吏曰小利害信小怒傷義邊信傷德邊人失信故傷德也厚和構四國以順貌德。教厚而和可以構結四國四國之來皆以誠信故曰以順貌德㊀通四國邊竟一彼一此至易生釁安能使同心和德唯厚和結之以順其外不至開邊患足矣此謂貌德故曰疆場之事慎守其一以備不虞后鄉四極。既結四國然後向四極而撫安之令守法之官日行。又令守法之官曰行邊鄙無關塞度必明失經常。其巡行之時必明其

◎

制度無得失於經常㊀通制地合上問爲一篇以地市關三者大所煩故以君曰申而餙之有不如制三官之罪也餙之即以問之也至邊則疆埸慎守有常禁矣故直曰問於邊吏此問政與上諸問合應

諜失第二十五 闕

焫而悅反

管子榷卷第十

唐司空房　玄齡　註

明道民朱　長春　榷

戒第二十六　　地圖第二十七

參患第二十八　　制分第二十九

君臣上第三十

戒第二十六所以陳戒桓公

內言九

（評）戒多繕道保定之務故別於霸言而以戒名

其文體相似也所謂道徵中精要似發金匱之秘或黄帝以来道流遺文可入經言弋禀以後掇拾湊耳

桓公将東游問於管仲曰我游猶軸轉斛。言我之游必有所濟猶軸之轉載斛石南至瑯邪。司馬曰亦先王之游已。何謂也。春游而南行故司馬正令以為先王之游公未達其意故問管仲管仲對曰先王之游也春出原農事之不本者（適）不本春從不足於耕稼者原省助之春種為本秋穫為利今田家諺下工用本是也謂之游。原察也農事不依本務當原察之秋出補人之不足者謂之夕。秋謂西成尚有不足者當補之夫師行而糧食其民者謂之亡。所行無成功空費糧食如此者必亡從樂而不反者謂之荒先王有游夕之業於人無荒亡之行於身桓公退再拜命曰寶法也。謂其法可寶也管仲復於桓公曰無翼而飛者聲也。出言門庭千里必應故曰無翼而飛無根而固者情也。同舟而濟胡越不患異心知其情也故曰無根而固無方而富者生也。生全則萬方輻湊生盡則鴻毛不振故曰無方而富也藥知生所在故曰無方也

通 揔性者情情復性者情故無根而固未生之前無既生之後有有與無不相離也故無方而富

唯無乃富耳此下三段皆道之宗養生脩命之元

公亦固情謹聲以嚴尊生言當固物情謹聲數此嚴為防禦以尊六生謂道之榮謂此三者順道而光榮通內固情復性也外謹聲守中也心息相依神氣合符生可尊而道乃榮榮生枯死桓公退再拜請若此言若順也管仲復於桓公曰任之重者莫如身萬事萬行非身不舉故曰任重塗之畏者莫如口樞機之發榮辱之主故可畏也期而遠者莫如年殤夭日聞期順實寡故曰遠期也通任重道遠死而後已身也唯口起蓋出好興戎口也無疆之恤亦無疆之休年也以重

任行畏塗至遠期唯君子乃能矣桓公退再拜之

曰夫子數以此言者教寡人管仲對曰滋味動靜

生之養也好惡喜怒哀樂生之變也聰明當物生

之德也非禮勿視聽故曰當物通生之養養形也變而之德

養性也感物而動曰變發皆中節曰當物是故聖

人齊滋味而時動靜所以養其生御正六氣之變所以循其

變也六氣即好惡喜怒哀樂通六氣天之正氣人之六氣必以

正順天禁止聲色之淫所以成其德邪行亾乎體違言

不存口體無邪行口言必順靜然定生聖也欲靜則生定如此者聖也通

濁以靜之徐清安以久之徐生是靜然定生此句揔上仁從中出義從外作仁自心生故曰中出義因事斷故曰外作㊂通仁內義外昉於此告子亦有本之言仁故不以天下為利義故不以天下為名若以天下為名利則非仁義也不代王不以道輔君而代之王者非仁也義故七十而致政老而不致政貪月者耳非義也是故聖人上德而下功尊道而賤物物謂名利之事道德當身故不以物惑身苟有道德豈名利之物能惑哉是故身在草茅之中而無懾意道德為量何懼之有南面聽天下而無驕色神器儻來何驕之有如此而後可以為天下王

旋。按云周旋也

所以謂德者不動而疾。德必冥通故不動而疾不相告而知不出戶牖以知天下不為而成。無為而無不為不召而至是德也。同聲相應同氣相求如此者可謂至德也故天不動四時云下而萬物化天常無為故曰不動然四時云下故萬物化云云運動貌也君不動政令陳下而萬功成。君亦常無為故曰不動然政令陳列而下故萬物成也心不動使四肢耳目而萬物情。心亦當無為故曰不動然四肢耳目自心使萬物莫不得其情也寡交多親謂之知人。以其知人故能交寡而親多寡事成功謂之知用。以其知用故能事寡而功成聞一言以貫萬物謂之知道。以其知道故能聞一言而得物貫也多言而不當不如其寡也故曰狗不以善吠為良人不以多言為賢博學而不自反。必有邪。博學而不反修於其身心曼衍者故必有邪行孝弟者仁之祖也。仁從孝弟生故為仁祖

忠信者交之慶也。有忠信之心故能慶交友之善內不考孝弟言不仁外不正忠信言友不澤其四經而誦學者是亾其身者也。四經謂詩書禮樂既無孝弟忠信空使四經流澤徒為誦學者即四經可以亾身也

桓公明日弋在廪。廪所以盛米粟禽鳥成多集焉故於此弋也管仲隰朋朝公望二子弛弓脫釬釬所以扞弦而迎之曰今夫鴻鵠春北而秋南而不失其時夫唯有羽翼以通其意於天下乎今孤之不得意於天下非皆二子

之憂也。 二子不能為羽翼所以當憂 桓公再言。二子不對。桓公曰。孤既言矣。二子何不對乎。管仲對曰。今夫人患勞而上使不時。人患飢而上重斂焉。人患死而上急刑焉。如此而又近有色。 親治容 而遠有德。 踈賢後 雖鴻鵠之有翼。濟大水之有舟楫也。其將若君何。 不飛雖羽翼無益不濟雖舟楫徒施不聽雖讜言空設故曰其將若君何 桓公蹵然逡遁。管仲曰。昔先王之理人也。蓋人有患勞而上使之以時。則人不患勞也。人患飢而上薄斂焉。則人不患飢矣。人患死而上寬刑焉。則人不患死矣。如此而近有德而遠有色則四封之内。視君其猶父母邪。四方之外。歸君其猶流水乎。公輟射援綏而乘。自御管仲為左隰朋參乘朔月三日。進二子於里官。里官謂里尉也齊國之法擧賢必自里尉始故令里官進二子將旌別而用之再拜頓首曰。孤之聞二子之言也耳加聰而視加明於孤不敢獨聽之。薦之先祖。謂陳其所言以薦祖廟管仲隰朋再拜頓首曰如君之王也。君能如此可以王也此非臣之言也君之教也。此雖臣言必君用之然後成教故曰君之教於是管仲與桓公盟誓為令曰老弱勿刑參宥而後斷。老弱犯罪者無即刑之必三寬宥而後斷罪三宥即周禮三宥一曰不識二曰過悞三曰悖耄也關幾而不正市正而不布。布謂錢也即其物而正之不必分錢山林梁澤以時禁發而不正也。鄉祭魚然後入澤梁豺祭獸然後入山林草封澤鹽者之歸之也譬若市人。草封澤謂澤多草刈積成封可用煮鹽者也其處既多鹽故歸者譬若市人言不設禁也㊣通樵蘇曰草封煮海曰澤鹽自兩事上不正故歸若市三年教人。四年選賢以為長。五年始興車踐乘遂南伐楚門傅施城。施城楚城名謂附至其下北伐山戎出冬蔥與戎叔布之天下。山戎有冬蔥戎菽今伐之故其物布天下戎叔胡豆果三匡天子而九合諸侯。

桓公外舍而不鼎饋外舍謂出宿於外不以鼎饋食言其饌不盛也中婦諸子謂宫人盡不出從乎君將有行中婦之子內官之號君將有行何不出乎宫人皆出從公怒曰孰謂我有行者宫人曰賤妾聞之中婦諸子公召中婦諸子曰女焉聞吾有行也對曰妾人聞之君外舍而不鼎饋非有內憂必有外患今君外舍而不鼎饋君非有內憂也妾是以知君之將有行也公曰善此非吾所與女及也而言乃至焉言我本不與汝及此謀今汝言乃能至於此謂能知我謀也吾是以語女吾欲致諸侯而不至爲之柰何我欲

趙々按此言已不事人未嘗得人布織謂君不下小國微諸侯不至也意者或何不審設諸侯之道耶

諸侯之至而乃不至今欲令其至如何乎中婦諸子曰自妾之身之不為人持接也為猶與也言妾身在深宮之中未嘗得出與人相持而接對未嘗得人之布織也意者更容不審耶宮中既少織絍之事又不得外人之布織言此者既昧於人事不當訪以軍謀蓋託不知以此君之行也故言更當容我恩其不審之事明日管仲朝公告之管仲曰此聖人之言也君必行也謂中婦諸子止君不行此合聖人之言也令君行之

管仲寢疾桓公往問之曰仲父之疾甚矣若不可諱也不幸而不起此疾彼政我將安移之管仲未對桓公曰鮑叔之為人何如管仲對曰鮑叔君子

也千乘之國。不以其道予之。不受也。雖與千乘之國不以其道彼必不受雖然不可以為政。其為人也好善而惡惡已甚。已猶太也言憎惡惡人太甚凡一惡終身不忘。桓公曰然則孰可。管仲對曰。隰朋可。朋之為人。好上識而下問。好上識謂好知遠大之事臣聞之。以德予人者謂之仁。以財予人者謂之良。以善勝人者。未有能服人者也。以善勝人人亦生勝己之心故不服以善養人者。未有不服人者也。於國有所不知政。於家有所不知事。必則朋乎。若皆知之則事鍾於己將不勝任而敗朋能有所不知故可以移政

（演）莊子曰有所不聞有

所不見此言之本乎唐宗曰不痴不聾語曰太

無魚至察無徒故為人上非以能用知也能知不

用其知也且明之為人也居其家不忘公門居公

門不忘其家事君不二其心亦不忘其身舉齊國

之幣握路家五十室其人不知也大仁也哉其朋

乎握持也或有舉齊國之幣持與路旁之家五十室言其事大而且為顯此皆自育主司朋能不干預而强知此所謂於國有所不知政合於天地之無不容載故曰大仁哉其朋乎已公又

問曰不幸而失仲父也二三大夫者其猶能以國

寧乎管仲對曰君請矍已乎矍已謂有所驚懼而問未止也鮑叔

牙之為人也好直實胥無之為人也好善甯戚之為人也能事孫在之為人也善言公曰此四子者其孰能一人之上也寡人并而臣之則其不以國寧何也（言四子皆有超絕之材無人能過其上今吾并得臣之國尚不寧何也）對曰鮑叔之為人也好直而不能以國詘（不能為國以屈其直也）實胥無之為人也好善而不能以國詘甯戚之為人能事而不能以足息（甯戚善於農植貪於積聚不能知足而息也）孫在之為人善言而不能以信默（其所陳言既見信用尚不能默凡此四子皆矜能太過不能與時屈伸故國不寧也）臣聞之消息盈虛與百姓詘

信然後能以國寧勿已者朋其可乎朋之為人也動必量力舉必量技言終喟然而歎曰天之生朋以為夷吾舌也其身死舌焉得生哉言朋亦將隨已早亡不得久理齊政故哀歎也以先知未然夷吾所以稱聖也管仲曰夫江黄之國近於楚為臣死乎二國既近於楚必臣於楚豈為齊臣而死乎君必歸之楚而寄之以二國歸楚若寄託然則楚不得為私而齊猶有望君不歸楚必私之私之而不救也則不可救之則亂自此始矣楚既私二國二國有難齊必不救一為不救則不可救此救彼不臣則搆怨矣故曰亂自此始桓公曰諾管仲又言曰東郭有狗嘊嘊旦暮欲齧我

猳而不使也○通左傳曰還我艾猳猳牡豕也今夫易牙子之不能愛將安能愛君君必去之公曰諾東郭之狗喻易牙言其人殘忍同於狗矣猳謂以木連狗取聲為義即國家也言易牙終能亡國滅家與不當使必須去之也管子又言曰北郭有狗嚾嚾旦暮欲齧我猳而不使也今夫豎刁其身之不愛焉能愛君君必去之公曰諾管子又言曰西郭有狗嚾嚾旦暮欲齧我猳而不使也今夫衛公子開方去其千乘之太子而臣事君是所願也得於君者是將欲過其千乘也○開方在衛當嗣君之位今弃而事齊則所望不只千乘也其意必得

齊國然後稱所望也君必去之。桓公曰諾。管子遂卒。卒十月

隰朋亦卒。桓公去易牙豎刁衛公子開方。五味不

至。於是乎復反易牙。宮中亂。復反豎刁。利言卑辭

不在側。復反衛公子開方。桓公內不量力。外不量

交。而力伐四鄰。公薨。六子皆求立。易牙與衛公子

內與豎刁因共殺羣吏而立公子無虧。故公死七

日不斂。九月不葬。孝公犇宋。宋襄公率諸侯以伐

齊。戰于甗。大敗齊師。殺公子無虧。立孝公而還。襄

公立十三年。桓公立四十二年。

地圖第二十七　短語一

㊟地圖參患制分三篇皆權書談一節深一節文亦一篇精一篇義相比合故應參看

㊟地圖即孟氏所謂地利也兵法先得地者勝又陰陽變化皆因地設奇神奚孟氏以城池當之太淺此但言地形亦淺其十三篇乎

凡兵主者必先審知地圖轘轅之險謂路形若轅而又轘曲緱氏東南有轘轅道是也濫車之水其水深渺能泛車名山通谷經川

謂常川也陵陸丘阜之所在苴草林木蒲葦之所茂苴草謂其草深茂能有所覆蔵道里之遠近城郭之大小名邑廢邑困殖之地困謂其地墝埆不可種蓺殖謂壞田可播殖者也必盡知之凡此皆兵主所當知地形之出入相錯者盡藏之藏謂苞蘊在心然後可以行軍襲邑舉錯知先後不失地利此地圖之常也人之衆寡士之精麤器之功苦盡知之此乃知形者也形謂兵之形知形不如知能知能不如知意故主兵必參具者也主明相知將能之謂參具明智能三者合故謂之參具故將出令發士期有日數矣宿定所

征伐之國。（宿猶先也）使羣臣大吏父兄便辟左右。不能議成敗。人主之任也。（事之成敗明王獨斷於心故其臣不能議）論功勞行賞罰。不敢蔽賢（不敢蔽賢能）有私行。用貨財供給軍之求索。（言相室或用私財供軍所求若賓嬰李牧之為也）㊣通私行屬蔽賢句如私財安得宰相皆素封家賈人子乎所謂供給蕭何守關中之謂也漢以得得楚以亡亡使百吏肅敬。不敢解怠行邪。以待君之令。相室之任也。繕器械。選練士。為教服。（設教令使士服習）連什伍。（使其什伍各相鈎連有所統屬）偏知天下審御機數。此兵主之事也。㊣通摽

君相為參具是兵主之本而以徧知天下合入地

圖

參患第二十八

太彊亦有患太弱亦有患必參詳彊弱之中自致於無患也

短語二

評 參患談兵處佳言欵珠屑玉噲炙後人蓍蔡權家十三篇外漢士奉之帳秘矣

凡人主者猛毅則伐懦弱則殺猛毅者何也輕誅殺人之謂猛毅懦弱者何也重誅殺人之謂懦弱此皆有失彼此凡輕誅者殺不辜而重誅者失有

辠。故上殺不辜。則道正者不安。上失有罪。則行邪者不變。道正者不安。則才能之人去亡。行邪者不變。則羣臣朋黨。才能之人去亡。則宜有外難。（能士去亡必構鄰來伐故有外難也）羣臣朋黨。則宜有內亂。（羣臣朋黨則狗變為虎篡殺常因是生故有內亂也）故曰猛毅者伐。懦弱者殺也。君之所以畀尊國之所以安危者。莫要於兵。故誅暴國必以兵。禁辟民必以刑。然則兵者。外以誅暴。內以禁邪。故兵者。尊主安國之經也。不可廢也。若夫世主則不然。外不以兵而欲誅暴。則地必虧矣。（無兵誅暴暴必內侵故地亂內不以刑而欲禁邪則國必亂矣。無刑禁邪邪必上侵故國亂故凡用兵之計三驚當一至驚謂耀威示武能驚敵使懼如此者三可當師之一至敵國三至當一軍師之三至可當一軍之用三軍當一戰軍之三用可成一戰之功㊣略計師兵力之費如此軍興之需幾何空不復矣善師者慮勝而動計日而捷故一期之師十年之蓄積殫師行一期能盡十年之蓄積一戰之費累代之功盡傾國一戰能盡累代之功今交刃接兵而後利之則戰之自勝者也。交刃接兵必卒喪刃折貨財空耗雖未破敵勝先已自勝攻城圍邑主人易子而食之析骸而爨之則攻之自拔者也。主人食子爨骸攻者必智窮力竭財殫士喪城雖未攻先已自拔凡此皆庸主之師非善計者㊟善勝者不戰善攻者不困兵交而後利敵雖敗我已傷矣守困而後下城雖拔我先自斃矣荆棘處生日費千金攻堅則軔此之謂也故曰計未定而兵則戰之自敗攻自毀也是以聖人小征而大匡。不失天時不空地利用日維夢其數不出於計。小征謂誅暴國大匡謂正天下既合天時又得地利用吉日襲吉夢其數從何而生皆出於計謀也故計必先定而兵出於竟計未定而兵出於竟則戰之自敗攻之自毀者也得衆而不

得其心則與獨行者同實不得其心則叛亡至故與獨行同實也兵

不完利與無操者同實甲不堅密與俴者同實俴謂無甲單衣者

弩不可以及遠與短兵同實射而不能中

與無矢者同實中而不能入與無鏃者同實將徒

人與俴者同實徒人謂無兵甲者俴單也人雖衆無兵甲則與單人同也〔通〕以

不教之士戰所謂白徒烏合不知兵與無兵同短

兵待遠矢與坐而待死者同實遠矢至短兵不能應則坐而受死也

故凡兵有大論必先論其器論其士論其將論其

主故曰器濫惡不利者以其士予人也士不可用

者以其將予人也將不知兵者以其主予人也主不積務於兵者以其國予人也〔評〕漢初六經未表誼錯皆管氏紹祖之臣子餘食之宗人故

一器成往夫具而天下無戰心（一器謂師之器其器既成敢往之夫又具則天下不敢生心與戰也）二器成驚夫具而天下無守城（二器謂軍之器其器既成驚敵之夫又具則天下不敢守城而慄也）三器成游夫具而天下無聚衆（三器謂一國之器其器既成游務之夫又具則天下之衆懼而自散也）〔通〕器即兵也變為奇耳成兵成勝也借一者義不還踵句踐之蹈水冐頓之鳴鏑往夫也席再勝者先舉奪

人夫差之入郢白起之燒陵驚哭也三勝者文德可来左車之檄燕陸生之招粤游夫也又桓公召陵之次張儀六國之衡所謂無戰心者知戰必不勝故曰無戰心所謂無守城者知城必拔故曰無守城所謂無聚衆者知衆必散故曰無聚衆

制分第二十九

短語三

㊟評 制分于叅患其言兵則内矣丹中權鈐術也决勝於帷幄折衝於朝廷然乎要所談亦多武

子中危言然而造語精奇矣短語政如短兵非

以正合政以奇勝

凡兵之所以先爭。謂欲用兵所當先而爭為者謂下事聖人賢士。不為愛尊爵。有聖人賢士則以尊爵加之而不愛惜也道術知能。不為愛官職。有道術智能則以官職加之工巧使勇力。不為愛重祿。聰明耳目。不為愛金財。故伯夷叔齊非於死之日。而後有名也。其前行多修矣。由前行多修故死後有名㊣通借夷齊之名引武王之勝武王非於甲子之朝而後有勝也。其前政多善矣。由前政多善故甲子之朝一戰大勝故小征千里徧

知之。小征謂以諸侯之衆有所征古者諸侯大國有五百里者今亢舉衆而征己國與教國皆

當知之故徧知千里。築堵之牆十人之聚曰五間之。間謂私侯之假

令築一堵之牆或十人聚作主者猶曰五候之況戎事之大可以不徧知哉大征徧知

天下。大征謂以天下之衆有所征伐子以天下為家故徧知天下也天下一間之。

散金財用聰明也。夫動衆當令主者曰一間候之其間候之也或散金財有所慕

賞或用聰明度其不虞也（通）散金財為間政以用聰明徧知天

下審御機數七法篇與此同故善用兵者無溝壘

而有耳目。溝壘防禦小耳目視聽遠兵不呼儆不苟聚不妄行

不強進呼儆則敵人戒（通）臥鼓御枚潛師襲人苟

聚則衆不用。無事徒聚衆必不用若周幽之僞烽也（通）苟聚兵無制野戰不陣或陣而譁妄行則羣卒困（通）不量力而進慮勝而會强進則銳士挫（通）知難不退逐利不止故凡用兵者攻堅則軔軔牢固之名也所攻既堅則軔而難入乘瑕則神瑕謂虛脆也所乘既瑕纔然瓦解故若神攻堅則瑕者堅所攻雖堅能令脆者則以士卒堅强故也乘瑕則堅者瑕所乘雖脆卻為堅者則以士卒脆弱故也（通）攻堅則我困于攻而敵如處女是使敵瑕亦堅也乘瑕則敵失其守而我乘破竹雖敵之堅亦瑕矣孫子三駟之法故堅其堅者瑕其瑕者謂强卒攻

趙○從讀屬上句

（堅弱卒攻脆）屠牛坦朝解九牛而刃可以莫鐵。（莫猶劘也）則刃游間也。（刀游理間故刀不虧）故天道不行，屈不足。（用兵者必順天道若及天道之不行必屈竭而不足）從人事荒亂，以十破百。（數國人事既荒且亂故十可破百）器備不行，以半擊倍。（數國器備不可施行故雖半可以擊彼之倍）故軍爭者不行於完城池。（行謂先覘之也欲以軍爭而行其城池彼則知而備之也）有道者不行於無君。（覘彼無君亦恐知而有備）㊣攻無君非以權勝，直幸之侮耳。故禮不伐喪，攻堅不可，故不行。完城池乘敗不可，故不行。無君游其間別有術焉，故莫知其將至也。（既不先覘以潛襲至所以不知其將至）

趙○按待即上圖意注非當待字為句

而不可圍。莫知其將去也。不可圍者必潛而近故不知其將去楚幕有烏之比

去而不可止。適 不可圍不可止兩對即善攻不知守善守不知攻

敵人雖衆。不能止 去既不可止雖衆何能止

待治者所道富也。治而未必富也。有所待而治其道當然未必能富

必知富之事。然後能富。富者所道由也強也。而富未必強也。富者其道當強而未必能強也必知強之數。然後能強。強者所道勝也。而強未必勝也。必知勝之理。然後能勝。勝者所道制也。而勝未必制也。必知制之分。然後能制。是故治國有器。富國有事。強國有數

勝國有理制天下有分

君臣上第三十　　短語四

㊟君臣散言治體頗有至論超名法之上根道德之意但不成體局氣索理支

㊟交論君臣共治而君又統臣主治者也篇中往往注意歸重焉有本之論議亦甚平正頗合道術不為名法家察數刻核苛言書中政言之可攬采者文雖不甚古亦嚴勁典制順不比濫

切不入急當在荀韓之上也可謂一篇文字中
間一二段脉絡稍不聯屬戰國子書多如此者

為人君者修官上之道而不言其中。君在衆官之上但修此官上之道而已至於官中之事則有司存非所言也 為人臣者比官中之事而不言其外。比謂校次之也若言官外則為越職 君道不明則受令者疑權度不一則脩義者惑民有疑惑貳豫之心而上不能匡則百姓之與間間謂隔礙不通也人心有疑君不能正故其所與為多礙而不通也 猶揭表而令之止也。揭舉也表謂以木為標有所告示也既使舉於表又令止之是示不一也故以況人心之疑也 是故能象其道於國家加之於百姓，而足以飾官化下者，明君也。象法也，謂能本道而立法。能上盡言於主，下致力於民，而足以修義從令者，忠臣也。上惠其道，下敦其業，上下相希，言相希准以為法也。若望參表，則邪者可知也。參表謂立表，所以參驗曲直。

吏嗇夫任事，吏嗇夫謂檢束羣吏之官也，若督郵之比也。人嗇夫任教。人嗇夫亦謂檢束百姓之官。教在百姓，論在不撓，謂百姓有不從教，論其罪罰，不撓法以行私。賞在信誠，體之以君臣，其誠也以守戰。既賞信罰必，君臣合體，莫不至誠，故入可以守城，出可以野戰也。如此，則人嗇夫之事究矣。吏嗇夫盡有訾程事律。訾限也，程准也，事律謂每事據律而行也。論法辟衡權斗斛文劾，不以私論而以事為正。辟，刑也。文劾，言據文而舉劾。謂論法刑己下皆據事以為正，不曲從其私也。如此則吏嗇夫之事究矣。人嗇夫成教，吏嗇夫成律之後，則雖有敦慤忠信者不得善也。人嗇夫之教既成，則人皆忠信，故無有獨得善者也。而戲豫怠傲者不得敗也。吏嗇夫之律既成，人皆懼法，不敢為非，雖有豫怠，不敢為敗也。如此則人君之事究矣。是故為人君者因其業，謂因人嗇夫之業也。乘其事，謂乘吏嗇夫之事。而稽之以度。又以國之法度考此二者。有善者賞之以列爵之尊田地之厚而民不慕也。善自應賞故不善者不敢橫慕有過者罰之以廢亾之辱僇死之刑。而民不疾也。過自應罰故人不敢疾怨殺生不違而民莫遺其親者。或罰而殺之或賞而生之皆不違其理則人知之德之有常不輕爲去就故人不遺其親也此唯上有明法而下有常事也。

天有常象。懸象著明不改其貞地有常形。山澤通氣不改其靜人有常禮。尊君卑臣子其儀不易一設而不更。此謂三常兼而一之。人君之道也。人君無官兼統衆官故曰兼而一之分而職之。各有司存人臣之事也。君失其道。無以有其國。臣失其事。無以有其位。然則上之畜下不妄，而下之事上不虛矣。上之畜下不妄，則所出法制度者明也。下之事上不虛，則循義從令者審也。上明下審，上下同德，代相序也。代更也。謂上明下審更相序。君不失其威，下不曠其產，而莫相德也。君以威覆下，下以產供上，各有所恃，故不相德。是以上之人務德，而下之人守節。義禮成形於上，而善下通於民，則百姓上歸親於主，而下盡力於農矣。故曰：君明相信，五官肅，士廉，農愚，商工愿，則上下體。上下各得其體。而外內別也。民性因而三族制也。三族謂農商工也，言也因上下有體內外有別故此三族各得其制也夫爲人君者蔭德於人者也君者以德蔭人爲人臣者仰生於上者也臣者仰君而生爲人上者量功而食之以足量其功之多少制祿以食之各得足也爲人臣者受任而處之以教受任者必設教布政有均民足於產則國家豐奚以勞受祿則民不幸生有勞者必得祿人則致死以立功不儌倖而偷生也刑罰不頗則下無怨心名正分明則民不惑於道刑名職分明則人於道不惑也道也者上之所以導民也是故道德出於君德從君出制令傳於相令因相傳事業程於官官各以其事業程於君也百姓之力也胥令而動

者也。脅視也視令而動則所舉不安是故君人也者無貿如其言。君以言制下下無言則下無所禀令故言最貴也人臣也者無愛如其力。臣則宣力事君故其力最可愛也言下力上。君言下於臣臣力上於君也而臣主之道畢矣是故主畫之。相守之。畫謂分則其所授事君既畫其事相則守而行之也相畫之。官守之。官畫之。民役之。官既畫之人則役力以行其事則又有符節印璽典法筴籍以相揆也。符節印璽所以示其信也典法策籍所以示之制也凡此可以考其真偽定其是非故曰以相揆也此明公道而滅姦偽之術也。論材量能謀德而舉之。謀知其德然後舉用之上之道也。

專意一心。守職而不勞。不以職事為勞苦下之事也。為人君者。下及官中之事。則有司不任。下及官中之事則君奪臣職故有司不任也為人臣者。上共專於上。則人主失威。臣當上供從君之命令乃專上之權故主失威㊀通共者侵分上柄國如兩君專者擅奪上勢有重無威是故有道之君正其德以蒞民而不言智能聰明。智能聰明者。下之職也。所以用智能聰明者。上之道也。謂用下之智能聰明上之人明其道。下之人守其職。上下之分不同任。而復合為一體。君為元首臣為股肱故曰一體是故知善人君也。知善則謀慮深遠故可以為人君也身善人役也。身善則材能可任故為人役也君身善則不公矣。君身善則智淺故不公人也人君不公常惠於賞而不忍於刑。不公則不識理之正故惠賞而不忍刑也是國無法也。治國無法則民朋黨而下比飾巧以成其私。法制有常則民不散而上合。竭情以納其忠。是以不言智能而順事治。國患解。大臣之任也。不言於聽明。而善人舉。姦偽誅。視聽者衆也。是以為人君者坐萬物之原而官諸生之職者也。謂授諸生之官而任之以職也。生謂知學之士也選賢論材而待之以法。舉而得其人。坐而收其福。不可勝收也。得人則福多，故不可勝收。官不勝任，奔走而奉其敗事，不可勝救也。不勝任則敗廣，故不可勝救。而國未嘗乏於勝任之士。上之明適不足以知之。是以明君審知勝任之臣者也。故曰主道得。賢材遂。百姓治。治亂在主而已矣。故曰。主身者。正德之本也。官治者。耳目之制也。官稟君命而後行，若耳目待上制而後用，故曰官者耳目之制。身立而民化。德正而官治。治官化民。其要在上。是故君子不求於民。立身正德而已。是以上及下之事謂之矯。及猶預也。矯，偽也。上預下事則偽有餘而實不足也。下及上之事謂之勝。下預上事則威權勝。

君也故為上而矯悖也。為下而勝逆也。國家有悖逆反逆之行。逆背有土主民者失其紀也。是故別交正分之謂理。別上下之交正君臣之分順理而不失之謂道。道德定而民有軌矣。有道之君者善明設法而不以私防者也。而無道之君既已設法則舍法而行私者也。為人上者釋法而行私則為人臣者援私以為公。公道不違則是私道不違者也。臣之所以為公者乃是私也名曰不違公道便是不違私道也行公道而託其私焉寖久而不知姦心得無積乎。既久行私而不知則是姦心之積也故言姦心豈復無積乎姦心之積也，其大者有侵偪殺上之禍，其小者有比周內爭之亂。此其所以然者，由主德不立，而國無常法也。主德不立，則婦人能食其意。君意委曲隨於女謁，若食之充口，故曰婦人能食其意。國無常法，則大臣敢侵其勢。大臣假於女之能，以規主情。假，因也。因女之能食主意，以規度主之情也。婦人嬖寵，假於男之知，以援外權。婦人既得君之嬖寵，又因大臣之智，以引其外權，則何為而不成也。於是乎外夫人而危太子。女寵既隆，又挾大臣之助，故夫人被外，太子見危。兵亂內作，以召外寇，此危君之徵也。

是故有道之君。上有五官以牧其民。則衆不敢踰軌而行矣。下有五橫以揆其官。則有司不敢離法而使矣。（橫謂紀察之官得入人罪者也五官各有其橫曰五橫）朝有定度衡儀以尊主位。（衡正）衣服緷絻盡有法度。（緷絻古袞冕字）則君體法而立矣。（體猶依也）君據法而出令。有司奉命而行事。百姓順上而成俗。著久而為常。（著明而且久積習而為常也）犯俗離教者。衆共姦之。（衆以離教為姦而罪之也）則為上者佚矣。天子出令於天下。諸侯受令於天子。大夫受令於君。子受令於父母。下聽其上。弟聽其兄。此至順矣。衡石一稱，斗斛一量，丈尺一綧制，所謂同律度量衡也。綧，古准字。准，節律度量也，謂丈尺各有准限也。戈兵一度，書同名，車同軌，此至正也。從順獨逆，從正獨辟，此猶夜有求而得火也。衆皆從順，而有獨逆者；衆皆從正，而有獨辟者，必為順正者所伏也。姦僞之人，無所伏矣。此先王之所以一民心也。是故天子有善，讓德於天；諸侯有善，慶之於天子；諸侯有善，讓於天子而慶也。大夫有善，納之於君；民有善，本於父，慶之於長老。此道法之所從來，是治本也。道法以讓為主。是故歲一言者，君也。謂正歲之朝，布之懸象。時省者，相也。月稽者，官也。務

四支之力。修耕農之業以待令者庶人也。是故百
姓量其力於父兄之間。聽其言於君臣之義。而官
論其德能而待之。謂百吏之官各論其德能以待君命大夫比官中
之事不言其外。而相爲常具以給之。具論衆官相之法制也
總要者。相無常官所以總統百吏之要官謀士量實義美臣請所
疑。士事也官各謀其職事也又當量實宜其有美善者用臣於所疑必陳而請之也而君
發其明府之法瑞以稽之。府謂百吏所居之官曹也立府必有明法故曰
明府之法瑞君所與臣爲信者珪璧之屬也又必合其瑞以考之也立三階之上南
面而受要。君之路寢前有三階要謂百吏之目也㊟王制謂以歲之

成質于天子是受要也。是以上有餘日。上唯受要故有餘日

而官勝其任。各理其職故能勝任時令不淫而百姓肅給。言其敬而供上唯此上有法制。下有分職也。

道者誠人之姓也。非在人也。姓生也言道立人之生人之所從出故非在人而聖王明君善知而道之者也。道猶言也聖王善知道理故言而相告也〔通〕道由也知而行之是故治民有常道。而生財有常法。道也者萬物之要也。為人君者執要而待之。則下雖有姦偽之心。不敢殺也。不敢殺君夫道者虛設。道無形而善應故曰虛設其人在則通其人亡則塞者也。

非兹是無以理人，非兹是無以生財。前兹是謂其道民治財育其福歸於上。是以知明君之重道法而輕其國也。得道之真以理身，緒餘以理國家，故重道而輕國。故君一國者，其道君之也。道可為君，故君一國。王天下者，其道王之也。道可王，故王天下。大王天下，小君一國，其道臨之也。其道足以臨國與天下也。是以其所欲者能得諸民，君之所欲，人則順之，令得。其所惡者能除諸民。君之所惡，亦順之而除。所欲者能得諸民，故賢材遂；所惡者能除諸民，故姦偽省。如冶之於金，陶之於埴，制在工也。鑠置之由君，若金埴之由工也。

是故將與之惠厚不能供。謂欲與人雖有惠厚之意財不能供將殺之。嚴威不能振。謂欲殺人以致其理然而嚴威銷縮不能振起也嚴威不能振惠厚不能供聲實有間也。或有聲無實或實無聲聲實間隙故不供不振也有善者不留其賞故民不私其利。善必得賞私利何為有過者不宿其罰故民不疾其威。宿猶停也罰得其過則人不疾其威疾態也威罰之制無踰於民。因人所欲而罰之故不踰於人也則人歸親於上矣。如天雨然澤下尺生上尺。澤從上降潤有一尺則苗從下生上引一尺澤下降苗上引猶君恩下流人心上就也是以官人不家事人不事獨立而無稽者人主之位也。君者與人

之字而不自官授人之事而不自事獨立於無過之地臣下莫得而稽之如此者人主之位也先
王之在天下也民比之神明之德先王善牧之於
民者也夫民別而聽之則愚別而聽之則各信其一方暗莫之發故愚
合而聽之則聖合而聽之則得失相輔可否相濟芻蕘之言賢聖不能易故聖也
雖有湯武之德復合於市人之言是以明君順人
心安情性而發於衆心之所聚聚謂同所歸湊是以令出
而不稽稽留也刑設而不用人不犯法故無所用刑先王善與
民為一體以百姓心為心故一心一體與民為一體則是以國守
國以民守民也[illegible]同一意萬人同一心然則民不便為非矣

為非則失利故不便雖有明君百步之外聽而不聞耳聽有所極閒之堵牆窺而不見也。目視有所窮而名為明君者君善用其臣。臣善納其忠也。君能善用臣能善納則何聽而不聞何視而不見耳目不壅非明而何也信以繼信善以傳善君信而臣繼之君善而臣傳之是以四海之內可得而治是以明君之舉其下也。盡知其短長。知其所不能益若任之以事夫任人以事者必擇其可否君之舉臣亦猶是也賢人之臣其主也盡知短長與身力之所不至。謂知君之短長及其身力所不工也若量能而授官。夫授人官者亦擇其可否臣之擇事亦猶是也上以畜下。擇其可畜而畜之下

以此事上。擇其可事而事也上下交期於正。君有賢臣臣有令主欲求不正其可得乎則百姓男女皆與治焉。君臣正則百姓無自為淫僻也

管子榷卷第十一

唐司空房　玄齡　註

明道民朱　長春　榷

君臣下第三十一　小稱第三十二

四稱第三十三　正言第三十四

君臣下第三十一

短語五

評 是先秦荀韓間一篇長議論文字管子大都宜精言以刻新為奇此散散爽衍將材不可及

十萬更労于上篇

古者未有君臣上下之別，未有夫婦妃匹之合，獸處羣居，以力相征。若野獸之處以羣而居，力強者征於弱也。於是智者詐愚，彊者凌弱，老幼孤獨不得其所。故智者假衆力以禁強虐，而暴人止。智者即聖王也。為民興利除害，正民之德，正人之邪德。而民師之。師智者也。

（評）吐口便伯術本色，亦是援聖入法，將無為皇王解嘲乎？

是故道術德行出於賢人，賢人知道術德行者也。其從義理兆形於民心，則民反道矣。道術既出，故莫不從義而順理。理之極，則無姦僻之事，始見於人心。

道之接處名是為是僞名物為非

則人無不道矣名物處違是非之分。則賞罰行矣。人既反道故以正其善惡之物處其背理之違則為是非者自分矣是非既分故行賞罰以當其功過也上下設。民生體。而國都立矣。上下既設人則生其貴賤之禮故國都立也是故國之所以為國者。民體以為國。貴賤成禮方乃為國君之所以為君者。賞罰以為君。無賞罰則君不足貴致賞則匱。致罰則虐。罰而無節則虐財匱而令虐。所以失其民也。是故明君審居處之教。而民可使。人從教故可使居治戰勝守固者也。居處既治戰則勝守則固夫賞重則上不給也。賞重則費用多故不給也罰虐則下不信也。令虐則人無所措手足故不信也是故明君飾食飲弔傷之禮。飲食謂享燕，弔傷謂喪祭也。而物屬之者也。禮行則物親也。是故厲之以八政。八政謂洪範之八政。旌之以衣服。衣服所以表貴賤也。富之以國裹。裹謂財貨所芭裹而藏也。貴之以王禁。禁令行然後知常者之可貴也。則民親君可用也。民用則天下可致也。天下道其道則至。君得名道則天下至。不道其道則不至也。夫水波而上，盡其搖而復下，其勢固然者也。言水波湧而上，既盡其勢，還復搖動歸下而止。此自然之勢，喻人懷德而來，畏威不去者也。

（評）水波而上二語可以印道。

故德之以懷也，威之以畏也，則天下歸之矣。有道之國，發號出令，而夫婦盡歸親於上矣。布法出憲，而賢人列士盡功能於上矣。千里之內，束布之罰，〔束謂帛也，布謂錢也。右者罰刑，或令出錢帛也。〕一畝之賦，盡可知也。〔賢人為之視聽，故無不知。〕治斧鉞者不敢讓刑，〔讓猶拒也。當其罪，不敢讓刑也。〕治軒冕者不敢讓賞，〔賞當其功，故不讓也。〕墳然若一父之子，若一家之實，義禮明也。〔墳，順貌。或刑賞之莫敢違逆，若子之從父，家之從長，知此者禮義明故也。〕天下不戴其上，臣不戴其君，則賢人不來。〔上下不交，則賢人隱。〕賢人不來，則百姓不用。〔百姓無賢人，則不知所歸，故百姓不用也。〕百姓不用，則天下不至。〔百姓不用，則天下無邦，邦將何至哉。〕故曰：德侵則君危。〔君德見侵，不危何待。〕

趙○北應作比臣下比周也

論侵則有功者危（論議侵理則功過不明故有功者危）令侵則官危（令侵則法不行故官危也）刑侵則百姓危（刑侵則無辜受戮故百姓危也）而明君者審禁淫侵者也上無淫侵之論則下無冀幸之心矣為人君者倍道弃法而好行私謂之亂為人臣者變故易常而巧官以諂上謂之騰（騰謂凌駕於君）亂至則虐騰至則北（騰至則摧降故敗北）四者有一至敗敵人謀之（四者則上之四危也）則故（通）則故猶是故施舍優猶以濟亂則百姓悅（言施恩厚舍罪罰二者優厚雖非用法猶能濟亂故百姓悅之也）選賢遂材而禮孝弟則姦偽止（遂達）要淫佚別男

姦則通亂隔（要謂遮止之也言能止淫佚別男女則雖先通亂令能隔限也）貴賤有義倫等不踰則有功者勸國有常式故法不隱則下無怨心（隱謂伏而不行）此五者興德匡過存國定民之道也夫君人者有大過臣人者有大罪國所有也（國之所有也）民所君也（民者已之所君）有國君民而使民所惡制之此一過也（言民惡君[illegible]已此亦君之過）民有三務不布其民非其民也（三務謂春夏秋務農人不務則餒餓成變故民非其民也）民非其民則不可以守戰此君人者二過也夫臣人者受君高爵重祿治大官倍其官遺其事穆君之

色。猶猶悅也從其欲阿而勝之。阿曲也巧言令色委曲從君至於動也剛斷以勝之其終或至於篡殺故曰阿而勝之也此臣人之大罪也。君有過而不改謂之倒。臣當罪而不誅謂之亂。君為倒君臣為亂臣國家之衰也可坐而待之是故有道之君者執本。相執要大夫執法。以牧其羣臣羣臣盡智竭力以役其上。謂給上之役也四守者得則治易則亂故不可不明設而守固。明設上四法固而守之昔者聖王本厚民生審知禍福之所生。是故慎小事微違非索辯以根之。謂有違非必尋索分辯得其根而止之也然則躁作姦邪偽詐趙按：言刑罰數加於近侍，故便僻不能食其意，比黨者必誅之。

之人不敢試也。（不敢為非以嘗君。）此禮正民之道也。（制禮者用此道以正人也。）古者有二言：牆有耳，伏寇在側。牆有耳者，微謀外泄之謂也。伏寇在側者，沈疑得民之道也。微謀之泄也，狡婦襲主之請而資游慝也。（襲，入也。謂狡婦妖蠱人主，遂行請謁，所請既從，外資游說，為姦慝者也。）沈疑之得民也者，前貴而後賤者為之驅也。（所驅役之人，前得貴寵，今忽論賤，然賤者必思貴，常伺君以興禍，故謂之伏寇也。）明君在上，便僻不能食其意。（便僻者不能諂君以得意，故曰不能食其意也。）刑罰亟近也。（既不能得君意，故刑罰數也。）大臣不能侵其勢。（不能侵君之勢。）比黨者誅，明也。（君明，故比黨者誅之。）

故大臣不能愛其勢

為人君者能遠讒諂廢比黨淫悖行食之徒行食游食無爵列於朝者此止詐拘姦厚國存身之道也為人上者制群臣百姓通中央之人和中央之人謂君之左右也左右與君和之也是以中央之人臣主之參左右之人在臣主之閒參會其事者也制令之布於民也必由中央之人中央之人以緩為急急可以取威君雖曰緩左右行之乃為急故能取威也以急為緩緩可以惠民君雖曰急左右行之為緩故能惠人威惠遷於下則為人上者危矣賢不肖之知於上必由中央之人財力之貢於上必由中央之人能易賢不肖

趙本有嚮字當作又

而可威實賢謂之不肖實不肖謂之賢故曰易賢不肖也黨於下。(通)能易有威矣易之是其黨也有能以民之財力。上陷其主。而可以為勞於下。用人財力上以陷主即於下以為勞(通)有原有又讀如十有幾年兼上下以環其私。上則擅君之柄下則用人材力上下之利皆用遂身故曰環其私也爵制而不可加。則為人上者危矣。勞既凌君故爵制不能加也先其君以善者侵其賞而奪之實者也。先君行善則是侵君之賞奪君之富實也(通)先其君四者總屬中央之人先其君以惡者。侵其刑而奪之威者也。訛言於外者脅其君者也。假說妖妄之言以惑衆如此者欲脅君也

趙本校始乎患不與其事此上患而不勞也親其事不規其道此下勞而不患

趙本校以人役上白君臣

壅令而不出者，幽其君者也。壅，塞也。君之令而不出行者，將欲幽君也。四者一作而上下不知也，則國之危可坐而待也。神聖者王，仁智者君，武勇者長，此天之道，人之情也。天道人情，通者質，寵者從，此數之因也。質，主也。能通於天道人情者，可以為主；其不能通，但寵貴之者，可以為從，謂臣也。言臣主之數，因此通而立也。是故始於患者不與其事，親其事者不規其道。言初始謀慮而憂患者，乃行其事令人為之，而不自預，此謂君也。是以為人上者患而不勞也，百姓勞而不患也。君臣上下之分素，則禮制立矣。是故以人役上，人謂百姓，百姓勞其身，供上之役也。以力役

言以力役明
有等類言以
刑役心以一
身言刑作形
下同
滔○赶巨言
切天也

明。謂臣勤力役用其明而理職位以刑役心。刑法也君則役心以出法制也此物之理也。心。道。進。退。心則度量可不故進退也而。刑。道。滔。赶。滔謂充也赶謂逡巡曲也設法有當不故有合成也進退者主。制。君心進退所滔以主為制令赶者主。勞。主勞者方。主制者圓。君臣之道主得制者其事必有方有圓也圓者運。運者通。通則和。圓謂君道也圓而不滯必運而無礙通者必暢故和之也方者執。執者固。固則信。方謂臣道也方而有常故執而不舍則固固而不妄則信也君以利和。君道和則利也臣以節信。臣則守節則上下無邪矣。故曰君人者制仁臣人者守信此言上下之禮也。君之在國都也。若心之在身體也。道德定於上，則百姓化於下矣。戒心形於內，戒慎之心成形於內。則容貌動於外矣。正也者，所以明其德。必正然後德明。知得諸己，知得諸民，從其理也。於己既不失，於人必不妄，如此者，從理故也。知失諸民，退而修諸己，反其本也。有失於人，必修己自責，如此者，反其本也。所求於己者多，故德行立。求己多者，必進德修業，故德行立也。所求於人者少，故民輕給之。求人者少，必薄賦歛，故人輕於給也。故君人者上注，臣人者下注。上注者紀天時，務民力。上注謂注意於上天，故紀要天時，務全人力也。下注者發地利，足財用也。下注謂注意於下地，故發興地利，足於財用也。故能飾大義，審時節，上以禮神明。下以義輔佐者。所用輔佐皆得其宜明君之道。能據法而不阿上。以匡主之過。下以振民之病者。忠臣之所行也。明君在上。忠臣佐之。則齊民以政刑牽於衣食之利。君明臣忠則國理國理則人重生故人皆以養其形而牽繫於衣食之利也故愿而易使。愚而易塞。塞止也易用法止也（通）上束于國之政刑。下牽于已衣食之利。循法樂生。而無攜心。故愿而愚。君子食於道。小人食於力。分民。食道力不同故曰分民也威無勢也。無所立。必有勢然後有所立事無為也。無所生。必有為然後有所生若此則國平而姦省矣。君子小人既食於道力邪惡之人復無所立生故國平而姦省君子食於道則義審而禮明義不審則無所食也義審而禮明則倫等不踰雖有偏卒之大夫不敢有幸心（通）大國三軍次二軍偏卒大夫之將一軍者挾兵易亂常多幸心則上無危矣國既明禮義倫等不踰雖有大夫偏獨出伏邪而怨不敢有幸亂心齊民食於力則作本作本者衆農以聽命是以明君立世民之制於上猶草木之制於時也草木必得時然後生故民迂則流之人太迂曲不行則流通之民流通則迂之人太流蕩則迂屈之決之則行塞之則止雖有明君能決之又能塞之決之則君

子行於禮塞之則小人篤於農君子行於禮則上尊而民順小民篤於農則財厚而備足上尊而民順財厚而備足四者備體（謂備具而成體）頃時而王不難矣四肢六道身之體也（四肢謂手足也六道謂上有四竅下有二竅也）四正五官國之體也（四正謂君臣父子五官謂五行之官也）四肢不通六道不達曰失四正不正五官不官曰亂是故國君聘妻於異姓設為姪娣命婦宮女盡有法制所以治其內也明男女之別昭嫌疑之節所以防其姦也是以中外不通讒慝不生婦言不及宮中之

長○按言庶子為兄弟者雖有才有寵亦不以逐嫡子而傷義故禮當隆而不敢並適子爵位雖尊而亦章適子也

事。而諸臣子弟無宮中之交。此先王所以明德圉姦。昭公威私也。明立寵設，不以逐子傷義。明立正嫡，設其貴寵，子不令逐而褻之，故不傷義也。禮私愛驩。勢不竝倫。嫡子者所以傳重也。故禮許私愛雖驩之超異可也，餘子之勢終不得與之竝倫也。爵位雖尊，禮無不行。言嫡子爵位雖復尊異，必須行之以禮也。選為都佼，冒之以衣服旌之以章旗，所以重其威也。所立之嫡必選其都雅佼好者，又以美衣麗服覆習之，章表旗幟旌異之，凡此皆所以重嫡子之威也。然則兄弟無間郄，讒人不敢作矣。嫡威重則兄弟和，故讒人無所作其讒矣。故其立相也，陳功而加之以德，論勞而昭之以法，參伍相德而周舉之尊勢而明信之。其謂國相則功德兩兼勞法獲美於此四者參驗伍偶相與俱得其事既周然後舉用之既用之尊勢而明信之也是以下之人無諫死之諱。君明相賢必從說如流故無諫死之忌也而聚立者無鬱怨之心。聚立謂天下會同也各得其所故無怨望也（通）聚立立朝之羣臣鬱怨生於選任之不當而所貴非其賢也如此。則國平而民無慝矣。慝姦惡者也其選賢遂材也舉德以就列不類無德。舉有德者以就列位不以無德之人為類舉能以就官。不類無能。以德弇勞。不以傷年。有德者超於上列使在有功勞者之前故曰有德掩勞苟有德雖年未至而亦將用之不以年少為之傷也（通）傷年如聖書之偕資如此，則上無困而民不幸生矣。有功能必賞，用之故人不以苟生為幸也。國之所以亂者四，其所以亡者二。內有疑妻之妾，此宮亂也。庶有疑適之子，此家亂也。朝有疑相之臣，此國亂也。任官無能，此衆亂也。四者無別，無別謂妻妾嫡庶等不分別也。主失其體，羣官朋黨以懷其私，則失族矣。國亡則宗族隨之，故曰失族也。國之幾臣，通幾臣權疑主而操機術，陰與敵約謀。陰約閉謀以相待也，則失援矣。為國之機臣下陰為要結，其所謀者閉而不泄，以此相待，人必懷疑而不相親矣，故失其援也。失族於內，失援於外，此二亡也。故妻必定子必正。相必直立以聽。(通)相以直道聽國事也。官必中信以敬。故曰有宮中之亂。有兄弟之亂。有大臣之亂。有中民之亂。中民謂百吏之屬也有小人之亂。五者一作。則爲人上者危矣。宮中亂曰妬紛。言積妬紛然所以亂(通)並后多寵而羣妬桓之如夫人五公子晉之里肯狐趙呂郤兄弟亂曰黨偏。黨偏則强弱相凌故亂也大臣亂曰稱述。各稱述其已德之長而不相讓則乱也(通)後世所云稱頌大臣功德莽操之於漢春秋田氏之於齊晏子云式歌且舞中民亂曰讋諄。謂以智詐讋恐諄質則亂小民亂曰財匱賦稅重則財匱故亂財匱生薄財不供則禮義息故薄也讋諤生慢不重淳質而智詐恐讋之此其慢也稱述黨偏妬紛生變。此三者或生篡君弒主能為大變也故正名稽疑。刑殺亟近。則內定矣。正嫡庶之名稽妻妾之疑不正者之黨數取其偏近者而刑殺之如此則黨偏妬紛之變息故內定順大臣以功順中民以行。順小民以務。順用其務農也則國豐矣。三者各稱其所順故國豐也審天時。天時各有宜也物地生。以輯民力。禁淫務。繡文刻鏤淫務勸農功。以職其無事。無事者皆令得職也則小民治矣。上稽之以數。謂上欲有所徵發必考其定數以命之也下十伍以徵。既得其定數下其十伍名以徵之也近其罪伏。㊀通罪伏即伏罪倒文以固其意（日期既近尚有不供者則加之罪以權伏之所以固供者之意）鄉樹之師以遂其學（每鄉必立之師以遂之也）官之以其能及年而舉則士反行矣（舉而有材能者則授之以官既有年矣則舉其功過而考察之如此則皆反其行矣）稱德度功勸其所能若稽之以衆風（通）風行草偃陳詩觀風衆風所以稽風衆也吏政易飾民風難變若任以社稷之任（既稱其德又度其功則其材能不可不知矣既知其能順而考之或使之莅衆以立風化其初能尤高者或授之以社稷之任者也）若此則士反於情矣（有能必任之以職故士反於情也）

小稱第三十二

（稱舉也小舉其過則當權而改之）

短語六

評奇造精刻管子書本行也如是佳不則累想亦如是真不則贋此小稱三舉管子曰其有意乎為言也指遠文深入儒錯道都非法家之論脩治而可服之第曰短語其體可短不可脩可小稱不可大議

管子曰身不善之患毋患人莫己知。言但患身之不善耳無患人不知已也

丹青在山。民知而取之。美珠在淵。民知而取之。丹青與珠各有可用之性故雖在山泉而藏人猶知而取之況在於人懷善而不知乎

趙○按以為不善句言人之觀我甚明豈可逃遁以為不善也

是以我有過為而民毋過命。我身有過為人必知而名之毋有過而安命者也民之觀也察矣不可遁逃有過必知故不為不可以遁逃以為不善。故我有善則立譽我我有過則立毀我當民之毀譽也。則莫歸問於家矣。人既毀譽則已之善惡審矣故不復問家問家則左右儐媚者善掩其過而餙其非也㊂鼓鐘聲聞但問外聲不問宮鼓故先王畏民。民之毀譽必當其過善故畏之操名從人。無不強也。謂君自行善持名使之死譽故強也操名去人。無不弱也。君既行惡即是持名去人無善可稱故弱雖有天子諸侯民皆操名而去之則捐其地而走矣。皆持其名而去於人則過惡日聞人共畏之故弃其地而

賴〇按別本注聖人託之而行善故可好我託之所行皆可惡又安能來美名招徠乎

走也。故先王畏民。無善名則弃之走，故畏人。在於身者孰為利。氣與目為利。氣也者所以生全其形，目也者所以獨見其運為，功用莫大焉，故曰為利也。

（通）氣者神之運，目者神之舍。氣與氣交通，目與目交視，四邪曲直善惡之分，各以類相見也，故曰氣一動志，眸子不掩。

聖人得利而託焉，故民重而名遂。聖人之聖，精而又神，託而行善，則譽滿天下，故人重而名遂也。我亦託焉，聖人託可好，我託可惡，以來美名，又可得乎。我託可惡，我雖託氣，濁而不神，所行皆可惡，用此招來美名，其可得乎。愛且不能為我能也。託氣既濁，雖令人愛猶不得美名，況於惡之乎。毛嬙西施，天下之美人也盛怨氣於面，不能以為可好。嬙施雖美，而面有怨氣，亦不能為可好。喻聖人外見其惡，亦不得美名。我且惡面而盛怨氣焉，怨氣見於面，惡言出於口，去惡充。所往去於人者，皆以惡事充。以來美名，又可得乎？喻人君既內無聖德，外皆行惡，必無美之名也。甚矣百姓之惡人之有餘忌也。惡人不善，更有餘忌。是以長者斷之，短者續之，滿者洫之，虛者實之。洫，虛也。長滿者人所忌，故或斷之，或虛之；短虛者人之所好，故或續之，或實之也。管子曰：善罪身者，民不得罪也。成湯罪已，故人不罪之也。不能罪身者，民罪之。桀紂罪人，故人罪之。故稱身之過者，強也。稱身之過，即是謙受益也。治身之節者，惠也。懷智

（之人然後理身節故曰惠）不以不善歸人者仁也（不以不善之事歸之於人如此者仁也）故明王有過則反之於身有善則歸之於民有過而反之身則身懼（過反於身則懼而修德也）有善而歸之民則民喜（民得善故喜也）往喜民（善往則人喜也）來懼身（過來則懼身也）此明王之所以治民也今夫桀紂不然有善則反之於身有過則歸之於民歸之於民則民怒反之於身則身驕往怒民來驕身此其所以失身也故明王懼聲以感耳（人以惡聲懼已耳聞而感則心不敢念非）懼氣以感目（人以惡氣懼已目見而感則身不敢造惡）以此二者有天下矣

毋慎乎匠人有以感斤欘故繩可得料也羿有以感弓矢故㲉可得中也造父有以感轡筴故遬獸可及遠道可致（㲉謂射質棲皮者也感謂深得其妙有應於心者也）天下者無常亂無常治不善人在則亂善人在則治在於既善所以感之也（既盡也天下所以理在於君人内外盡善感之於人也）管子曰修恭遜敬愛辭讓除怨無爭以相逆也（逆迎也謂周此恭遜等以相迎接也）則不失於人矣（遜以接人有何失乎）嘗試多怨爭利相為不遜則不得其身（尚為不遜身尚不得況於人乎）大哉恭遜敬愛之道吉事可以入察凶事可以居喪大

以理天下而不益也。直用恭遜敬愛足以理天下更不須益小以治一人而不損也。雖復一身用恭遜敬愛理之纔可足耳亦不須損也嘗試往之中國諸夏蠻夷之國。以及禽獸昆蟲皆待此而為治亂。有恭遜敬愛則理無之則亂也濘之身則榮去之身則辱恭遜敬愛身之粉澤也故在身則榮去身則辱也審行之身毋怠雖夷貉之民。可化而使之愛。夷貉之人殘戾凶暴苟以恭遜敬愛化之可使生愛審去之身。雖兄弟父母。可化而使之惡。父母兄弟恩情結固苟無恭遜敬愛化之可令生惡故之身者使之愛惡。之是也同是此身有恭遜敬愛則愛無之則惡名者使之榮辱。同是此身之名有恭遜敬愛則榮無之則辱也此其變名物也。如天如地。言恭敬遜愛可以變化愛惡榮辱名物之善惡如天地之生緩也故先王曰道。道者貴變化也作管仲有病。詳有病以下又擬拾傅益定非一篇桓公往問之曰仲父之病病矣。若不可諱而不起此病也。仲父亦將何以詔寡人。管仲對曰。微君之命臣也。故臣且謁之。謁謂有所告之也雖然。君猶不能行也。恐其不從故以此言抑之公曰仲父命寡人東。寡人東。令寡人西。寡人西。仲父之命於寡人。寡人敢不從乎。管仲攝衣冠起對曰。臣願君之遠易牙豎刁堂巫公子開方。夫易牙以調和事公。公曰惟烝嬰兒之未嘗。於是烝其首子而獻之公。人情非不愛其子也。於子之不愛。將何有於公。公喜宮而妒。豎刁自刑而為公治內。人情非不愛其身也。於身之不愛。將何有於公。公子開方事公十五年。不歸視其親。齊衛之間。不容數日之行。臣聞之。務為不久。務特為事久必發揚之也蓋虛不長。覆蓋虛妄不得長掩謂上三士皆務為蓋虛者其姦情終當彰露也

(通)務為矯意勉務其所為非其質矣外以務為內以蓋虛自古大奸小人之尤未有不由此塗亦未有不死見本性者也

其生不長者其死必不終其所行之行所長之性其至於死必將改復本情未有能終為意也言三士之忠皆偽忠耳必將復其不忠也〔演〕人之將死其言也善失而反其真也其生不長其死必不終偽而露其真也反者情久極而歸性露者性久蓋而歸情性與情同出而異實天人交操其半我生之天為先我行之天為後先常不離人後常欲去人一失一偽一反一露天之乘人而出入機也唯至聖極惡無出入其中則曹操之香履漢武之輪臺不如桓公曰善管仲死已葬公憎四子者廢之官逐

堂巫而苛病起兵。苛煩躁也。巫善令既逐之，而公有煩苛之病，起兵妄征伐，無使瘳之也。逐易牙而味不至，逐豎刁而宮中亂，逐公子開方而朝不治。桓公曰：「嗟！聖人固有悖乎！」四子既逐而有四闕，故以管仲為悖。乃復四子者。處朞年，四子作難，圍公一室，不得出。置公一室之中而闈之，故不得出也。有一婦人遂從竇入，得至公所。公曰：「吾飢而欲食，渴而欲飲，不可得，其故何也？」婦人對曰：「易牙、豎刁、堂巫、公子開方四人分齊國，塗十日不通矣。既有兵難，故國之道塗行旅十日不得通也。公子開方以書社七百下衛矣。古者羣居二十五家，則共置社，謂以社數

書於策謂用此七百之書社降下于衛也食將不得矣作亂欲公之死故不給之食

公曰嗟茲乎聖人之言長乎哉言其所見者遠死者無知

則已若有知吾何面目以見仲父於地下乃援素

幭以裹首而絕幭所以覆軨也死十一日蟲出於戶乃知

桓公之死也葬以楊門之扇謂用門扇以掩屍也桓公之所

以身死十一日蟲出戶而不收者以不終用賢也

桓公管仲鮑叔牙甯戚四人飲飲酣桓公謂鮑叔

牙曰闔不起為寡人壽乎奉尊者酒祝令增壽鮑叔牙奉杯

而起曰使公毋忘出如莒時也使管子毋忘束縛

在魯也使寧戚毋忘飯牛車下也桓公辟席再拜曰寡人與二大夫能無忘夫子之言則國之社稷必不危矣。

四稱第三十三

謂稱有道之君無道之君有道之臣無道之臣以戒桓公

短語七

評 冗襍比俳書中劣品

桓公問於管子曰寡人幼弱惛愚不通諸侯四鄰之義仲父不當盡語我昔者有道之君乎。吾亦鑒焉管子對曰夷吾之所能與所不能盡在君所矣

君胡有辱令[言已能不皆盡之於君無所隱藏今何勞辱君令而後已言之乎]桓

公又問曰仲父寡人幼弱惛愚不通四鄰諸侯之義仲父不當盡告我昔者有道之君乎吾亦鑒焉

管子對曰夷吾聞之於徐伯曰昔者有道之君敬其山川宗廟社稷及至先故之大臣收聚以忠而大富之[先故之臣謂祖考時舊臣也令以忠誠收聚而賙恤之令其大富也]固其武臣宣用其力聖人在前貞廉在側競稱於義上下皆飾形正明察四時不貸民亦不憂五穀蕃殖外內均和諸侯臣伏國家安寧不用兵革受其幣帛

以懷其德，昭受其令，以爲法式。（鄰國以幣帛來聘，當取之以懷來有德。其或以制令來告者，則君受之以爲法式乎。）此亦可謂昔者有道之君也。桓公曰：善哉。桓公曰：仲父既已語我昔者有道之君矣，不當盡語我昔者無道之君乎？吾亦鑒焉。管子對曰：今若君之美好而宣通也，既官職美道，又何以聞惡爲。（言君既美好宣通，官又合於美道，修而行之，自可爲理，何須聞於惡事乎？以此抑桓公，欲觀其意也。）桓公曰：是何言邪？以繬緣繬緣，吾何以知其美也？以素緣素緣，吾何以知其善也？仲父已語我其善而不語我其惡，吾豈知善之爲善也？管子對曰夷吾聞之於徐伯曰昔者無道之君大其宮室高其臺榭良臣不使讒賊是舍舍止也謂止讒賊於其旁與之近也有家不治借人為圖言自不能理其家借他人圖也政令不善墨墨若夜言其昏闇之甚也辟若野獸無所朝處野獸各恣意為生不相統屬故無朝處也不修天道不鑒四方有家不治辟若生狂狂惑者失其性不分善惡也衆所怨詛詛祝之也希不滅亡進其諛優繁其鐘鼓流於博塞戲其工瞽誅其良臣敖其婦女唯與婦女為敖從也獠獵畢弋暴遇諸父其所接遇諸父惟以凶暴馳騁無度戲樂笑語式政既輮刑罰則烈

趙○按別本注賢士之能[illegible]

言其法式之政既已輮曲至於刑罰惟益酷烈內削其民以為攻伐。反以削生為伐功也辟猶漏釜豈能無竭。漏釜則江海不能滿故必有竭也此亦可謂昔者無道之君矣。桓公曰善哉。桓公曰仲父既已語我昔者有道之君與昔者無道之君矣。仲父不當盡語我昔者有道之臣乎。吾以鑒焉。管子對曰夷吾聞之。徐伯曰昔者有道之臣委質為臣不賓事左右。賓敬也君知則仕。不知則已。若有事必圖國家徧其發揮。良臣皆私其所有必能於國家及其發又普徧之也循其祖德辯其順逆。推育賢人。讒慝不作。事君有義使下有禮，貴賤相親，若兄若弟，忠於國家，上下得體。居處則思義，語言則謀謨，動作則事。居國則富，處軍則克，臨難據事，雖死不悔。近君為拂，遠君為輔，義以與交，廉以與處。臨官則治，酒食則慈，不謗其君，不毀其辭。君若有過，進諫不疑；君若有憂，則臣服之。服，行也。此亦可謂昔者有道之臣矣。」桓公曰：「善哉！」桓公曰：「仲父既以語我昔者有道之臣矣，不當盡語我昔者無道之臣乎？吾亦鑒焉。」管子對曰：「夷吾聞之於徐伯曰：『昔者無道之臣，委質為臣，賓事

左右執說以進。不蘄已。執佞說以進於君專遂固寵位無求去也

進不退。所謂知進而不知退假寵鬻貴。假因也因君之寵必能鬻其貴尊其

貨賄。卑其爵位。未必能貴其爵位但尊其貨賄而已進曰輔之。退曰

不可。進於君則言已能為輔弼退而私議則曰君不可輔以敗其君。皆曰非

我。由斯之人不肖故君有敗乃更推過於君云此非我不仁羣處。以攻賢者

小人所忌者君子故羣處常有陷賢之見其見賢若貸。其見賢人無敬恭之心反欲規

利若求貨然見賤若過。其見賤人無矜恤之心蕭然不顧若行者之過貪於貨

賄。競於酒食。不與善人。唯其所事。人有曲而事已與之交也倨

敖不恭。不友善士。讒賊與鬬。不彌人爭。其人見爲則慫令鬬

無彌縫之心唯趣人詔人有制命[illegible]問可不則向而順之[illegible]其接諛湛湎於
酒行義不從從順也不修先故變易國常擅創為令
迷惑其君生奪之政生猶奪政況於死後乎保貴寵矜懼寵而矜
夸者則保依而貴重（通）擅國盡君上以生奪政柄下以保矜
貴寵遷損善士善士則遷改而損弃之捕援貨人其所捕追而援引者
唯財貨之人入則乘等出則黨駢其貨賄之人與之同國則同乘而等至其
出也又用黨而駢竝貨賄相入酒食相親俱亂其君君若有
過各奉其身奉身自潔推過於君也此亦謂昔者無道之臣
桓公曰善哉

正言第三十四闕

短語八

管子權第十一卷終

管子榷卷第十二

唐司空房　玄齡　註

明道民朱　長春　榷

趙○按此篇多錯簡不可讀

侈靡第三十五

侈靡第三十五

短語九

(評)逐節生枝翦段雖珎瑣瑣玉葉金豆耳非大方之家大約文不論奇正以大雅則大以小巧則小

㊣評修廉大奇矣時出危言易衍動人文時與言弔詭欺人不欲人旦暮如禪偈秘密耳其連衍俶儻頗似莊子宿儒難解免亦作者故為方駕兩行之彼談道此談法故異彼負而神而悖此方而詭而細其才亦異政天地之間耶

㊣評趙氏謂多錯簡誠有之予億其稍可通為置解政恐鄙書不免異或二三旦暮猶差尹氏故耳大要奇文亦只可意會景響解不解之間故非平正通達之比尚書且命此亦有意擬之云

問曰古之時與今之時同乎曰同。〔天地四時既無所易故曰同〕其人同乎不同乎曰不同。〔古淳而今澆古質而今浮故不同也〕可與政其誅〔言今雖不同古可為政誅其不法以復古〕倍堯之時混吾之美在下。其道非獨出人也。〔倍帝倍也言二帝之時比屋可封美俱在下其能若此亦言非有出人之道修古而已混同也〕山不童而用贍澤不弊而養足。〔山無草木曰童弊竭也〕耕以自養以其餘應良天子故平。〔以其自養之餘應天子之食故天下平有時而賦曰良〕牛馬之牧不相及。〔各自足則不相及也〕人民之俗不相知。〔人至老死不相往来故不相知〕不出百里而来足。〔行者不出百里而来者所求足故也〕故鄉而不理靜也。〔雖立

趣○按踦音奇物體不具也

趣○一足有屨一足無屨以恥辱之可以當死也今周公之刑法雖詳有斷指之罪斷首之罪斷足之罪充滿于獄使不致枉法雖著而民猶不服蓋謂古人法簡而治今人法詳不治也

公卿不埋其事以人靜故其獄一踦腓一踦屨而當死。諸侯犯罪者令著一隻屨以恥之可以當死刑

通　一踦腓一踦屨承象刑之化也

曷加于諸侯大夫不上諸侯安可施刑刑則䏣削

六師耳已令周公斷指滿稽斷首滿稽斷足滿稽而死民不服非人性也敝也。令周公謂時所用法也稽考也罪滿而斷則從而考之首滿其罪者亦從而考之應斷足所罪滿者又從而考之凡此欲以為慎審也罪定者死之然人尚不服其罪豈人性之然乎時爽故也

地重人載毀敝而養不足事末作而民興之。載生也令地利既重人之生殖穀物君則從而毀奪斃盡之所以養有不足人既惰於本業故競趣而事末作是以下名而上實也。謂下

昧○大昏謂甚昏昧也博夜後夜也謂長不明也所以甚言今人之昏昧

但有農作之名不得自用而實皆歸於上也 聖人者省諸本而游諸樂 聖人察人之本游之於富壽之域則佶堯以前為然也 大昏也。博夜也。夜謂暗昧之行也令人主至於大昏者則以博為夜事故也 ㊣演 昏昧也夜息也上皇之世大含明以上晦廣靜晏以下息晦上何滿稽之庸息下何毀敝之不足經曰俗人昭昭我獨若昏俗人察察我獨悶悶又曰其政悶悶其民醇醇其政察察其民缺缺此大昏博夜出於道家之說也其佶堯之世混吾之美之象乎是以易用晦而明君北極而嚮明萬物負陰而抱陽君子闇然而

日章所以至道之極昏默而乎旦之存夜氣也故
曰省本而游樂昏夜本也亥子之交天地一元之
後爰應萬古之祖乎是除昏無旦除夜無日猶除
日無歲問曰興時化若何謂度時興也其理若何也莫善於侈
靡侈靡謂珠玉之用也管氏以為珠玉者飢不可食寒不可衣然時共貴之君若不重則強者守之以招人故度時興化莫若重珠玉以為侈靡賤有實敬無用則人可刑
也有實謂穀帛可貴而賤之無用謂珠玉可賤而敬之若此則人之賢不肖可刑也
(通)刑
法也侈乃上之務儉是下之本秉尊者得博奉以
侈無用處卑者取勤本以豐有實上除下畜上除

以化下嗇以儲此所為人法也故賤粟米而如敬珠玉。好禮樂而如賤事業。本之始也。言粟常人賤之賢者貴之如常人之敬珠玉末業常人貴之賢人賤之今則賢者之好禮樂如常人貴末業若此者可謂務本之始㊟貴五穀而賤珠玉明君之德所自秉以風儉乎以易世而釣化則無若反之使上貴玉而下賤穀穀而如珠民大詘矣國亦無利焉故輕重國執諸蕭皆以幣調穀操上重以衡下輕故曰穀貴則萬物賤穀賤則萬物貴人君御穀物之相勝而操事於不平故託用於其重以三幣守財物御民事而平天下然則輕重所以衡流而調其用也後靡所以導源而握其本也以上後靡易下儉實而後執可得而設也故天子至百姓所減物不同所貴賤相乘法使反上下交貴賤而用後之為儉之也此化術也君失術而强豪術盜之則國困（通）禮樂好故上用幣而珠玉敬事業賤故衆力農而粟米賤賤事業乃事末作之反也珠者陰之陽也故勝火。珠生于水而有光鑒故為陰之陽以向日則火烽故勝火玉者陰之陰也故勝水。玉生於山而藏於山故為陰之陰以向月則水流故勝水其化如神。言珠玉能致水火故曰如神也故天子藏珠玉。諸侯藏金石。大夫畜狗馬。百姓藏布帛。不然則強者能守之。智者能牧之。賤所貴而貴所賤。粟米可貴而賤之珠玉可賤而貴之不然鰥寡獨老不與得焉。均之始也。君不貴而藏之則利積於強智雖務鰥寡獨老無所與之令藏之者所以賑貧乏故為均之始

(通)四藏皆國蓄以待穀之貴賤而權之者無藏則入張智道籠矣則粟米反貴珠玉反賤賤貴相反百姓救生不給又安四窮得與五穀之分乎故敬無用而賤有實上侈而下儉則百姓勤於本而贍於養義於分無告有給天下

蕩平此大同之化均之始也謂始于興時易化上
下以不同為同操不均成均也此結語總結一段
不是承結上句古文有此奇格後世不能㸃不知

政與敎孰急政者立法以齊物敎者訓誘以感心用二者何先也管子曰夫
政敎相似而殊方若夫敎者摽然若秋雲之遠動
人心之悲摽高舉貌秋雲悽憭有愁悴之容高置且遠能生人之悲心喻敎者憂人之不令見其感容人亦為之傷悼之藹然若夏之靜雲乃及人之體鵰
然若謞之靜藹油潤貌鵰然和順貌夏雲之起油然含潤將降其澤及人之體去除熱氣而和順雖有謞躁之人亦皆恬靜喻敎者灑之溫辭而强梁者亦能感服之動人意以

慾蕩蕩若流水教者若秋雲之動人意人意既動則自怨而蕩搖自怨而蕩搖則從教若流水也使人思之人所生往㊣通四若四入分喻四教秋雲夏雲藹靜流水嚴以肅之和以煦之靜則意動而怨流則思生而往教之始也身必備之教者若夏雲之順適故其人使人思之人既思之則辟生其善心教人之始必備此二者然後可也之若秋雲之始見賢者句不肖者化焉教者既若秋雲始見而哀憐之又若夏雲之起而闓悅之則天下之賢與不肖無不化焉㊣通以言教格以身教從上者下之表也禹立三年而百姓盡仁身備之也士有百行于己難全教人未有不備備而

一關于身此關不行矣故貴備焉備身如坊表昭褐而行天下儀之若皎然秋雲在空人見而化矣雲至秋而昊天高氣清人所喜也人至賢而⿰角高禠身律物不肖所治也斯其比矣敬而待之愛而使之。若樊神山祭之。既從聖化人則敬而來待愛而後使尊衛其君若樊落神山設祭而祈福者也（通）敬待愛使屬賢者夫祭神所以威民也尊賢所以勸民也故曰樊神山祭使其賢不肖化賢者少不肖者多使其賢不肖惡得不化賢與不肖皆教而使之則不得不化也今夫政則少則即皆從教則人無所犯故於為政少用為則也若夫成形之徵者也去則少可使人乎。欲成太平之形以知其徵驗者全能去則而使人斯太平之先兆也演則法也數以身備所則也非為則者也故儀行祝化不使而衆則政陳常樹軌設一切以示人則宛其身于為所則少矣是數曰內心之徵而政曰外形之徵也人之從上以象德不以象形上之化人以寘神不以徵貌故用田心不用革面用恥格不用苟免其所使備而神斯為使衆而喻耳中主之憲未嘗不肅不如賢主之無憲而肅為則多而取則少辟不辟之謂也

天下人心宗神能知吾之神又能知吾之不神唯
無不神神為全神全已之神斯通人之神故曰若揆
神山祭祭不言而則者也用貧與富何如而可。問貧
富之中適曰甚富不可使。甚富則驕故不可使甚貧不知恥甚則
竊故不知恥也水平而不流無源則邀竭平而不流謂水也停水無源必
速竭雲平而雨不甚無委雲雨則邀已。平雲少雨又無委雲以助
之其雨必邀已上二事為下有比例政平而無威則不行。此則為政者威以為
本也愛而無親則流。但行泛愛無所偏親則其愛流漫賢智不盡力親左有
用無用則辟句之若相為有兆怨。雖曰當有所視而用親之以僻

左則有為用者不為用者辟猶言有中不中此但為怨兆而已親之無益也上短下長。無度而用，則危本不稱。或復上得短而下持長其役用之不以度如此者或能懷怨以敗國故曰危本不稱也（通）田常子罕之擅刑施上無度以制而下長為用終以危君篡國此上短下長危本不稱也兩承無威無親二者而祀諱次祖。犯詛渝盟傷言。諱延也國敗絕祀之事延及次祖更有犯詛渝盟傷言之罪敬祖禰。尊始也。祖禰人之始也齊約之信。論行也。詛盟欲為整齊要束之信所以論行也尊天地之理。所以論威也。天地以秋冬肅殺雷震電耀為威為政者所取則故威不可犯之也（通）天地之理陰陽生殺而已尊之是為德威唯威生殺天之威靈刑賞君之威權薄德之君之府囊也。凡尊始論行論威為政者所當行德薄之君皆囊而藏之故有敗亡之禍必因成形而論於人。此政行也。可以王乎。必因王事之成形論考於人事此為政所行也遵而勿失故可以王也㊣演盟必質於大神要於先祖而後詛言君政不靖國秉倒持于是危本而託齊盟然而無益也犯者渝者傷者接至矣不知神以國為依盟以行為信兩者輔政之用非握政之本君自弛威而假神威命與幾何其必法天地刑德之理以論威乎不瀆不苟如雷霆尊如四時信上司無刑之政為契而下券矣此惟威惟明威德皇極之協也非論於薄德之因形者也然則教神也政亦神也在無際有際之微而非化用形用之判資教以入人則賢鑄天下之不肖資政以律人則威懾羣下之不逞德引於先刑隨於後故政大行而王可成也請問用之若何問用政何如也必辯於天地之道然後功名可以殖天地有尊卑恩威之序故明之然後可以立功名也辯於地利而民可富通於後靡而士可戚戚親也貴珠玉以賞士故士可親也君親自好事謂好為政之事強以

立斷強立其志以斷是非仁以好任所謂恔以使民人君壽以政年君所以壽考由為政以順年之四時令也㊟通政年如正命不中道夭也莊子曰可以盡年百姓不夭厲厲癘疾也六畜遮育五穀遮熟遮猶蕪也㊟通遮多也里言有奢遮然後民力可得用人俱富而力全可用也㊟演親事則杜上短下長之危孫斷仁任則遠無威無親之敝故君得久長壽考民得恬阜物得蕃穰然後既富之穀可用民也是以政先養而後教百姓先知恥而後可使化國之域無瘠人則盈室之戶無行禽矣此謂自因也不可

勝以待人之可勝也鄰國之君俱不賢然後得王若俱賢則不可得而制難以王矣俱賢若何問之曰忽然易卿而移黜不肖立仁賢忽然易事而化去故而取新〔演〕俱賢如兩鼠鬭穴將勇者勝蓋既無後以待衰必先而奪人故用人行政忽而變以吾之變勝其所不變而後能加之如而驅齊駕加鞭者超之矣故晉方盛而楚莊反轅孫叔勝趙方強而秦昭潛易武安勝變而足以成名革變舊弊故成名承弊而民勸之承先代之弊而成能名故民勸勉之〔通〕凡變則窮弊之後振恥起衰故上得幹蠱也

之磬下有作新之鼓慈種而民富。流慈以勉種故人富應言
待感與物俱長。應物而後言待感而後動所謂應天順人者也故與物俱長也故
日月之明。所謂與日月齊其明㊀通故猶效也如故事之故應
風雨而種風時雨若則以君禮不失故也天之所覆地之所載斯
民之良也。君人者德苞天地首出庶物育生莫能踰故曰人之良不有而醜
天地非天子之事也。不有上事而又醜惡天地之化此非天子之事㊀通醜
類也不有上事而欲類合天地非天子之事天子
配天者政也民變而不能變。是棁之稅反傅革。棁柱也革
皮也棁之傅革則外華而內不華也今人變而
君不能變亦外華而內不華之類故取喻焉有

趙○按别本註德化可以服人則必死于此矣

革而不能革，不可服。可革而不革，則人有輕君之心，故不服也。民死信。入○無信不立，故死在信也。諸侯死化。變通之以盡利，不化則利竭，故死。㊀通 革主革故鼎新，屋柱壞必更而易之可居，民俗敝必革而變之可服，故上與下不同道，民死於信，侯死於化。請問諸侯之化弊。弊謂久行而無益者。弊也者家也。言國之弊則以家，皆不革家也。者。以因人之所重而行之。非人所重則當革也。

㊀通 周禮大弊羣吏弊計也，合家以為國，故計國者以家，因其所重而輕重行之，則化吾君長來。㊀通 長來為句，君摻因重而行之柄，計家起化而下之通

于流水是君有招徠之術長來之也獵君長虎豹之皮。君好虎豹皮故來獵用功力之君上金玉幣。君上用金玉為幣故用功力好戰之君上甲兵。甲兵之本必先於田宅。有田宅然後可以充甲兵之賦令吾君戰則請行。民之所重飲食者也。侈樂者也。民之所願也。足其所欲。贍其所願。則能用之耳。君之於人必足欲贍願然後可用也

㊣通行民之所重一句應上衣皮以下民窮草食如獸也衣食之輕不足民生而用其重于死不得矣故道主於侈靡以通民化財故必有富之用有商賈之行而後能通貧

[illegible]按羅至 [illegible] 行也

之振管氏乘馬輕重之本指要歸成化而富不後貧力本則反于上古不董不弊矣今使衣皮而冠角食野草飲野水孰能用之言士既乏於衣食則君之不能用也傷心者不可以致功謂富者奢靡而有餘貧者窘悴而不足則傷心矣傷心則無聊而苟且故不能致功故嘗至味而罷至樂謂富者先奏至樂及食至味而罷之而雕卵然後瀹之以灼反雕橑然後爨之力道反皆富者所為也橑薪也丹沙之穴不塞則商賈不處趨丹穴而求利故不處也富者靡之貧者為之富者所以得成此侈靡則重并貧者而為之也此百姓之怠生百振而食非獨自為也百姓既為富者所兼則怠於作

業故能生此富者之靡富成此侈靡亦以百姓振起之故也豈富者能自為乎㊀通凡富者之所靡皆貧者之所為一人而百工之為備力不相兼故以彼之所息借此之所振化居而相為然後得生非以自為也俱自為則無化為之畜化。㊀通畜化為句是結上言化用屬下句言馭臣之術用令欲為此畜貧富之法當變化富者之用也其臣者予而奪之。謂臣富者令欲化之使貧或先少與而後多奪之也使而輟之。既使之多所費用然後成其功㊀通予奪使輟摠言用臣之柄徒以以下六者則予奪使輟之變化也詳此義則下所謂乘六即此六柄耶我以馭臣而强禦弗友反以乘六者而驕我此太公誅華士之用與强使服事四者因材器使不在予奪數徒以而富之〔或空言其利而令得富且取其物終之也〕父繫而伏之〔或加父罪而繫之子必伏而破產以贖父也〕予盧爵而驕之〔或空與爵名而無其位以驕此人令有所貴用也〕收其春秋之時而消之〔富者先貯物以射春秋之利令則官自收而消也〕有褋禮我而居之〔或有藂用財物褋禮於我若此者順其意而居之〕時舉其强者以譽之〔富而又强則為之作聲譽或令其有所紘率〕

（通）富徒以騾祿貧士伏父繫錄用罪餘予盧爵貴其體貌而無任如秦賞功之爵收春秋

考課以時而黜陟有禨臣有僭越禨也我以禮齊
而居之臣之功能盛者強也時舉譽以名勸之且
以動衆此強即勝下強是勇強而可使服事。服行也強者服
事事必成辯以辯辭。其有辯明者則令辯繁辭智以招請。富而多智則使招來
而請謁也㊟通招召而謀議請如請事請問廉以標人。富而
清廉則使為人標式堅強以乘六廣其德以輕上位。君能堅意強力
以乘上之六者可以廣其德又可以分其上之任故位輕者也不能使之而流徙。
㊟通乘六不可解意君以上六柄馭下而下之堅強
反乘以敺上也以下三種不可使不能使皆亾之

鄙也堅彊而來固為亢以矯令不受祿爵之廉廣

德隱脩立名之士流徙適思以遯祿之士此謂國

亾之鄙若不能使任上之六者乃流移而徙之斯亾國之鄙也故法而守常

謂古法得其法者則守常故而不革也尊禮而變俗流遁之俗則當變之上信

而賤文文盡而寡用故賤之好緣而好駔子朗反緣即捐也駔馬之壯健者法

惡者必亂故棄之喻姦人之雄亦亂國當絕㊣通好緣緣附上也臣媚結

以求寵好駔駔市儈也大賈曰駔臣以功力市上

祿爵者一曰緣人情而制法脩其教不易俗齊其

政不易宜懸爵祿以酬能不使大言受小祿小言

受大祿駔立市其市必平君臣事使亦市道也此謂成國之法也。為國者反民性。然後可以與民戚。戚親也反者冥也順其性欲必敗亡若能反之然後有成可與之親也民欲佚而教以勞。勞致於耕勞則有功民欲生而教以死。死致於寇難死則有功也勞教定而國富。積財故也死教定而威行。致死則莫敢當其鋒故威行也聖人者陰陽理。言法陰陽之理故平外而險中。此則含陰於內發陽於外故信其情者傷其神。美其質者傷其文。情盛則神威也化之美者應其名。實應其名故化美也變其美者應其時。事應其時故變美也㊣通君司變者不受變內樞其神外循其文以易臣民之化故神運而情不可示文昭而質不可表反此而傷故善化變之主藏實而應名移事而應時名以人化時以天變其兆端微眇而起用大此所謂陰陽之理陰陽易也不能兆其端者菑及之來事之端不失其兆者常失於幾故災及之也故緣地之利緣順承也從天之指指意也當承順天之意也辱舉其死辱猶逆也逆地天以舉事則死也開國閉辱若能開國以納善言則辱可閉也知其緣地之利者所以參天地之吉綱也知能順地之利則能參天地之吉綱承從天之指者動必明句辱舉其死者與其失人同逆夫舉事

故與失人同也公事則道必行公事則無擁故其道必行也開其國門

者玩之以善言有善言可玩故開國以納之也㊣演地利有定宜緣

其宜以參吉綱天道昭變化承其化以明動指與

效天法地之道也失人以下則用人進善之權陽

明為榮陰汙為辱老子曰辱為下陽榮為生陰汙

為死舉一善人榮進而生舉一不肖辱進而死凡

舉人于朝與衆公之也書曰闢四門公則國門開

道進行而善言玩私則反是棄其舉辱亦既有辱當棄之何

唯有報舉爵祭神以謝過耳知神次者操犧牲與其珪璧以執

其舉，當令巫祝知神之次秩者操牲及珪璧執舉爵以禱神而謝逆舉之罪也家小害，以小勝大。祭祀之費家雖有小損因此小損以勝大災貟其中辰其外，既以謝過又當貟中心無所專固有善則從無失外事之時也辰時也而復畏強長其虛，其有強大於已者則當長其謙虛之心而敬畏之也而物正以視其中情，其於物也雖見外正猶未可信又當視其中情以驗之（通）桼其舉辱以下

雜解聽之舉薦神也臣薦善於君如祝薦舉於神舉辱則其不善也必使賢者陳善而薦之如祝史明神次者操牲犧以薦獻知通神者必通于人可以格神者必可以定國然而國之利害常相衡也

安能必利而無害但使大小利害相準取小以勝大如擇禍從輕是也此妙智圓于中而善時應于外也又強諫者畏而受之逆志求道畏強臣儀一敵國所以開門而來善也唯我內長虛其心而外正物以視其情則善不榮辱瞭然中見所以閉辱而無失人也公曰國門則塞百姓誰敢敖胡以備之。謂寇有至國門以塞百姓警衛而誰敢敖者事至于此如何救而可(通)此非寇至塞門塞門政與闕門對亦屬任賢玩善言說承上開國閉辱一正一反此為不能閉而臣有以自樹者擇天下之所宥謂不為天下之所疾者擇鬼之所當謂為神所福助者也擇人天之所戴謂為人所戴仰者也而亟付其身此所以安之也。得此三德之人付其身而任之雖有寇賊無若我何故安（通）君明何嘗不啓國門何嘗不闢忽有塞則大姦惕寵而擅權當戶而拒賢也然為大姦非大德不足以勝能為大塞非大通不足以招故三擇而一付所以安身而利國家也不如是門塞且主聾百姓無救且衆附無以備之田常六卿且作強與短而立齊國之若何謂寇賊既持强弓又執短兵列陣而立以攻齊國若之何禦之此亦公問之辭（通）

强與短是人之剛明與短劣不齊而立欲齊之唯舉賢以風故下俱以用賢弗二應其術則申韓之名法御數也高予之名而舉之。高舉其名則歡悦也重予之官而危之。與之重官則不避危亡也因責其能以隨之。猶傶則踈之。毋使人圖之。責知其能隨而任之則自課厲而無所顧望營寵納侮使人圖之也猶踈則數之。毋使人曲之。因不寵任而踈已者則數加恩義以悦之無使人見怨陰謀曲求已隙者也

(通)舉之官皆民譽危之任艱圖大踈之數之施不測之進退杜無形之偪怨此所以為之也。撫人若此可以禦上强與短兵之寇也大有臣甚大。将反

為害（謂大臣富有既臣且甚大甚大則逼君故將反為害）吾欲優患除害將小能察大為之柰何（言我且欲寬優此患漸除其害每見其小能則察知其大欲為此事如何亦公之問辭也）潭根之毋伐（潭深也此以大樹喻惡也譬若大樹深根不可伐大臣根黨盤結未可卒誅）固事之毋入（既才能誅且固事之無得入同其惡也）

【通】彼勢方固我無入挑之輕入必反禍魯孫于季氏衛出于齊孫

深黨之毋涸（黨謂探其深情常令見之毋使涸竭也）不儀之毋助（儀善也彼為不善毋得助佐之也）章明之毋滅（當發明不善令人皆知之無使昧滅也）生榮之毋失（謂生篡殺之心若草木之生榮此其可誅之時必不得失之）十言者不勝此一（謂令他事有十言之善不如此一言

也雖凶必吉。忍而容之函而事之凶也惡稔易誅吉也㊣通君馭臣唯攬威福明誅賞而已不儀已上杜其奸也以下結其恩也有善章明無滅無惡生榮毋失知結不知杜大臣挾竊柄而上陵知杜不知結勢家耦猜望而下叛矣持此一權不惑衆口狼化而羊凶弭而吉

故平以滿。無事而總。以待有事而為之若何。總謂收積也故使國家從故平安之時滿積其財以無事之時收積至時散其積而用也㊣通無事之待即國家閒暇總脩其政理財用人無事之大政也下而分積者立餘日而修美車馬而馳多酒醴

而靡。積謂富而積財者富而侈食美車多醴財有所散因其散而收之評蘇秦所言臨淄闐雞走狗袂成帷汗成雨市之大都會甲于天下此則管子侈靡之所鼓為風也至今清淵騑市數十里列集天下貨物各以類比厘其俗豪奢倡優游戲五方畢會尤其風被于千歲毋出食通不外市此謂本事雖復千歲常令自食其財無使他外則富者之財可得而收之則積之本縣通鄉縣人有主縣謂繫屬也言欲繫屬於人必有所主主於財人此治用官既積財人則於官取之以理其器用也通國無異人皆主於縣人無異用皆統於上之治然而不治積之市。

謂不取官財以理其用翻乃積之於市使高價得其利也一人積之下。一人積之上。此謂利無常。財既入市則公私共積之上雖積一分下亦積一分可謂利無常也百姓無寶。以利為首。百姓無他寶唯以利為寶之首一上一下。唯利所處。利積多者百姓則從而歸之也利然後能通。通然後成國。無利而不通則國亡也利靜而不化。觀其所出。從而移之。利一不化者則由所出不變故也觀而移變之

(評)漢挾書唯管子出最早蓋法家之漸于俗盛也故賈鼂用其法以啓文景而不行桑孔用其利以平準湯杜用其刑以無官故卜式所陳縣官坐市非武帝創也管氏流禍耳

要管氏亦未必然春秋既無一微文外傳内政詳言之亦唯三鄉四民之業此其託耶至談及不化從移貪賈賤鬻斷之術亦可鄙矣視其不可使因以爲民等等謂率而齊之不可使謂其人非有文武之材又不任作役若此者使之率與利之人而齊之也㊟此以下言用人以上言化利二者無事之待本力者使耕而食末業者使化而居民唯三農商之外則士也差異其等以爲民首因官擇其使以長民譽擇其好名因使長民其有好虛譽之名者則擇之使爲興利者之長㊟欲任賢去不肖故簡視其不可任以

為等而擇任其好名，好而不已，是以為國紀。好名不已，財乃彌積，故為國紀。功未成者不可以獨名。積財之功未成則無獨與之名。事未道者不可以言名，成功然後可以獨名。衆共言此人名。有事道然後可以言名，然後可以承致酢。既有獨名，又有言名然後可以至於承君之酢報也。先其士者之為自犯。人有士行當推以為先令反自先之，是為自犯其過也。後其民者之為自贍。人能興利亦當先之充國令乃後之，自為其贍不憂國也。是通士以道民，寧有自犯民以養君，豈專自贍，兩者皆法所誅。先士後民，責賢者重教化也。此節言任官義，故首士輕國位者國必敗。輕國位則有徹居之心故國敗也 ㊂通 爵位輕授所用非人國空政亂。踈貴戚者謀將泄。踈貴戚則有外顧之意故謀泄 毋仕異國之人。是為失經。異國之人所謂非我族類者也令而仕之其心異此謂失國之經也 毋數變易。是為敗成。數變易則事繁而無功故曰敗成 大臣得罪。勿出封外。是為漏情。毋數據大臣之家而飲酒。是為使國大消。飲酒於臣家則威權移馬物不兩盛故臣强則國消也 ㊂通 懸怒不斷作讐內泄君臣為讙損體大消 三堯在藏於縣返於連比。若是者必從是嚚亾乎。雖使三堯在臧但懸其物而不散施之終亦不能守其物亡必不返於連比之臣臣既得之自用樹福則國從是嚚敗而

亡乎罍卽㝵字也

(通)連比比伍連師縣鄙縣言雖三堯藏在里井之中我不得用而任之人之云亡邦之殄瘁也故用人者本也政令者所流而治下也記曰上酌民言下天上施至尊譚議無賢本不正而下流沮故令不酌乎苟下不治夫高下法天地所以定君臣而待貴賤以杜争殺也高下不相待則君子小人紛處本末倒迕而國且有簒殺叛亂之禍

辟之若尊譚未勝其本。亡流而下譚延也雖堯守藏不施必亡猶知尊位將反而未能勝其本此從既不可得自然流而下者也不平令。苟下不治。

凡始理下者必先能予令令既不予令雖下而不理者也高下者不足以相待自處其高欲下待上必不待之也此謂殺事立而壞何也。兵遠而畏何也此謂獄君之事其事既立而後壞如此者何也即以德不素積故也民已聚而散何也人不歸無道故輟安而危何也神不祐故也皆謂篡弒功成而不信者殆。兵強而無義者殘。不謹於附近而欲來遠者兵不信欲來遠者必謹於附近然後遠者來信也略近臣合於其遠者亡略禮謂不繁也言於近則略之於遠則合之若此者則可以立功

略謀略也近臣一心謀合於遠所謂制勝于朝廷不下堂而天下服一曰如略地之略臣近合遠兵

出功立亡國之起。毁國之族。則兵遠而不畏先自踈國之宗族漸以至三者若此則兵皆逃遠無兵則威息故不畏也㉑通始祖建國必有法度世臣所由起也亡則不啻廢宗族屏輔毁則不啻踈此孤國也遠兵且至不畏而侮國小而條

大。仁而不利。猶有爭名者累哉是也。不量國之小好修遠大雖復行仁不遇其利而猶與他國爭名是必自累者也樂聚之力以兼人之强以待其害雖聚必散。好自勉以聚力欲兼他人之强用此以儌危害如是者先雖聚後必散大王不恃衆而自恃。百姓自聚供而後利之。成而無害大王亶父為狄所攻乃去豳之岐杖策而徙百姓曰仁君也不可失扶老

攜幼而從之一年成邑二年成都三年五倍其初言太王雖有衆不恃但自恃其德故百姓隨而聚之供其所須而利之遂至於成功而無危害者也踈戚而好外企以仁而謀泄賤寡而好大此所以危言自踈已親好交外人雖企慕於仁而所謀多泄漏既賤且寡好為迂大凡此皆危敗之道也衆而約謂與衆為約束也實取而言讓謂實取彼物於言更成遜讓行陰而言陽於行實為陰容在言更成顯陽利人之有禍謂因禍而生利言人之無患人雖實禍於言乃為無患吾欲獨有是若何凡此獨君之事也問獨有之何如自衆而約已下公問之辭是故之時陳財之道可以行此句令也利散而民察必放之身然後行管氏言此乃古之陳設致財之道亦可行求於今然利散

於下人則察而知之置之於身勿令下知然後可以行放置之言也㊟古時民生養
未遂而俗淳樸乃以道陳財利之下利而上亦利
是故名實兼收無患世衰利之途散而民之知察
以道陳以法令民將不奉約必以身而行所謂輕
重轉化之術君所獨操而容移之也放身而民
效之謂何以下政言其行術政與蕩修靡相合蓋
實取行陰利禍皆富國强兵內外擅利之事必先
富而後强先自利而乘人利先上筦利而下贍利
是以曰放身然後行公曰謂何。問所行之以長喪以𪓐其時。（黯黷也居喪者毀瘠之息謂增長叛居喪之禮使人皆黯黷之敗也）重送葬以起身財。（重送葬則費用廣懦慢則不及事由人習為精厲庶事不怠故能起身之財）通

男女力作之財曰身財一曰後其身用其財合下文一親往。一親來。所以合親也。（謂一親往死一親來生親無絕時故曰合）此謂衆約。（人皆親教之重葬可以起財故曰衆要之也）通

三年長親喪堊廬草由啜糜深墨黯黷其時此重喪禮也重喪因以重葬附身附棺廣費校心不以天下儉則天下之物財身力皆起于用矣合親約衆本先王緣人情制禮廣孝令乃以陽禮為借陰財為用用

非不合于禮也以是侈靡費之道為殖之術則絶
聖大盜之說蓋有由來矣問用之若何。問用衆要巨瘞
培所以使貧民也。瘞培謂壙中埋藏處深培也貧人雖無財而有力故教之巨瘞
培以役其力也美壟墓所以文明也。壟墓高美文明而不滅也巨棺槨
所以起木工也。人習為棺槨則增長木之工也多衣衾所以起女
工也。習為衣衾則增長女工也猶不盡故有次浮也。謂上之理猶有不盡
也次浮謂棺槨壟墓之外遊飾也有差樊樊藩也謂壟墓之外樹以蕃其制尊卑之外此
壟之次乎也有瘞藏。謂古之奘者或藏以金玉或以器物此棺槨之次浮也作此
相食然後民相利守戰之備合矣。方喪之時孝子荒迷或不舉大

鄰里為食以相飼如此則遞相銜親恩情結固鄉至於守戰之時必誠力齊敵而不能當之矣

殊俗國異禮則民不流矣。流移也俗禮殊異則人各得其所安故不流移也

不同法則民不困鄉丘老不通覲誅流散則人不眺。丘大也大老者各足於其所不相交通流散於其鄉則誅之令其覲見知此則人安其本不眺望他所而歸之

㊟喪葬資用通工易事同相食相利利之所趨安居樂業睦里親上可守可戰而民不流殊俗異禮尊卑貴賤之等也降殺不同故民不困鄉丘老不通死徙無出有流散則誅故不眺安鄉樂宅享祭而謳吟稱號者皆誅所以留民俗也。皆令

安樂鄉宅享祭先祖其有謳吟思於他所者則誅
之或有稱衆號詠於他鄉者皆誅之凡此皆欲留
止人俗不令轉移
斷方井田之數方謂分人之地每斷定其方而立之田數屋三為
井也〔通〕留俗莫如井田乘馬甸之衆每一甸之衆數賦長轂一乘馬
四匹謂之乘馬十六井曰丘四丘為甸
制之陵谿立鬼神而謹祭每大陵深谿皆有靈焉立鬼神之祠使人祭之
皆以能別以為食數示重本
也。人之大小皆各有材能多者食衆能少者食寡故曰以能別為食數凡此皆重人本之事也
〔通〕喪葬以尊死內之鬼神也陵谿以謹祭外之鬼
神也唯神道之設是以約衆唯吉凶之用是以靡
財此治幽者也能別為食數則治明者乃王人莫

禄之制從下士視農以上皆因能詔食者也食於官出於農農穀有所廉用則本業不損而重故地廣千里者禄重而祭尊其君無餘言不修祭以（通）餘地與飼也禄祭承上謹祭食數二者重而尊之其用豐則國之所入屢供神人之用而君無餘矣地與他若一者從而艾之從謂次當受封者艾謂減削也言修祭之君受地與他同故曰若一者則削贼其地與次受封之君也君始者謂始為君者也艾若一者從乎殺與于殺若一者言始受封之君本既無地故取先受君者彼或不與從而殺之彼或自取與受而殺之彼自取與于始封者今與先受封者地均若一也從者艾若一

者從于殺與于殺若一者從無封始○句王事者上
句王者言從者先無封令始王事故艾取上他國之地與先若均齊若一則止上事句
霸者生功言重本○諸侯既受地分則上事霸主隨政命以生立其功凡此皆為重
本也是為十禺○分免而不爭言先人而自後也禺猶區也
十禺謂十里之地每里為一禺故曰十禺若他國來分明勸勉而與之不敢交爭如此者所以先他
人自其後取㊣通地與他若一以下承上斷方井田食數
而言艾治田也地與人一而富不如在治之耳治
之而與人若一此新國勸耕辟土之法雖菑畬而
攻菑田新當以其食從殺艾若一而逆殺若一則

新田比人成田殺什一也寬之也從者艾是首興功後相率而從闢治者亦從于殺什一所以廣勸耕而盡地政也當從無封始為句王事者上為句王者上事為句此制從無封而始王道以此為上事重農務本寬賦勸功政在養民無先此矣上事以民事為上而我不急利生功則督其民而有較功分人之利焉此王霸之辨有心無心皞皞驩虞之說也方里至百千皆從十起數以偶廣之其本皆由農田始故始建之封艾王霸之事功率重本

也田井之治地藉徹為分不起畝稅從繳者并分

而免之及其畲祿而後齊一民收于前君收于後

所謂先人而後已也一曰從殺從凶年也記曰年

雖大殺是免科者從殺官禮之司。言國官禮各有司昭穆

之離。離謂次位之別也先後功器事之治。功有大小器有精麤各定其先

後之差也尊鬼而守尊鬼謂謹其豆祭之禮也故句戰事之任高功

而下死。句本事戰士雖有高下之殊各令死其本事也食功而省利

勸臣。飼其有功省其無功則臣勸也上義而不能與小利。上當操大義而

主斷不可顧小利而移也五官者人爭其職。然後君闕。官爭理職則國

治故君名聞於天下祭之時上賢者也。謂助祭之時賢者居上為儀而已非能有所益故君臣掌。祭者掌禮以行事所用其智謀或君有故使臣攝之事亦無曠廢曰君臣掌也君臣掌則上下均。臣能行君事故曰上下均也此以知上賢無益也。其亡茲適。祭祀之時非不上賢但庸臣亦能行君之事無損於令主人雖云上賢而不用其智謀與祭時適故曰無益既不賢則動皆違理故茲適於危上賢者亡謂空上之而已不能用之也而役賢者昌。役賢則功成故國昌上義以禁暴。義者所以除去不宜故禁暴也尊祖以敬祖。祖始也尊立祖廟所以敬始封之君也聚宗以朝殺。示不輕為主也。謂聚會也小之封宗以朝於君而有親疏之殺九丗為主之重者也

(通)尊鬼而守故為句高功而下死

為句守故守舊法也下死死戰不如成功也以此
本事食功差祿臣之制利省不冐而臣勸無溺但
主上義而禁小利則五官爭效其職獻功以上
矣夫君臣共掌唯祭祀祝史序事有上賢之虛
名而無役賢之實績無益而適亡耳故上不如役
役之而差其功勸其職使下不沒利而上義可以
禁暴此上義與上文闗應尊祖與尊鬼闗應此段
大指首揭官司昭穆承上祭神祿臣二項以器事
尊鬼以戰事覈功然而宗廟之獄與朝廷之役官

趙。按此以下至雖有聖人恐用之皆錯簡也

不同等也云云故義之上祖之尊兩脩無害是以廟中之序用以聯宗姓朝中之任用敎以等賢勞國體各有辨君道各有適則為主之不可輕也

載祭明置。載行也言公將為行祭至明而置之欲人不知也高子聞之以告中寢諸子。高子齊大夫聞君之將行故告中寢諸子諸侯諸子之居中寢者中寢諸子告寡人。舍朝不鼎饋。常禮退朝常鼎饋而食今不然故致詳之中寢諸子告宮中女子曰。公將有行。故不送公。言向故不送公也公言無行。女安聞之。曰聞之中寢諸子。索中寢諸子而問之。寡人無行。女安聞之。吾聞之先

趙。按污殺之事人猶言屈己下人也雖有聖人惡用之言不下人則諸侯不至雖聖人亦無用也

人。句諸侯舍於朝不鼎饋者非有外事必有內憂公曰吾不欲與汝及若。若不欲與汝論此言也女言至焉不得毋與女及若言。至譚盡理吾欲致諸侯。諸侯不至。若何哉女子不辯於致諸侯。婦人無豫於外政故不明於致諸侯之理自吾不為污殺之事人。布織不可得而衣。污殺言然人必有所污殺染戮者所以伏遠而来近今既為人雖織不為已用故宥布不得而衣言此者欲桓公立威以服諸侯也故雖有聖人。惡用之。服者寡也后不用威聖人亦何能用犨堯為匹夫不能服三家即其事也㊣通中瘦諸子一段前後不相屬修靡不相關所以軋入為取意認耳曰不為汙殺布織

不得衣聖人無用之不為修靡變化財不得富伯王無用之能摩故道新道定國家然後化時乎摩謂新道謂度時而制法言能摩故道以新其事也故道謂先王之典刑成新道定國安家然後可以化時也國貧而鄙富苴美於朝市國言國朝貧而邊鄙富饒若此者邊鄙之邑必苞苴財貨好遺朝以市權利也國富而鄙貧莫盡如市國富財故富鄙輸貨故貧其取半反也其牧莫如盡入於市以市人不盡取故鄙人不虛與故也(通)上利積貯下利通市無積國貧而利專富於鄙猗商游賈矯取利乘上之而苴市其美如此則上困多積國富而下無居息鄙邑蕭然人無廢貿之利則

市不通而人莫盡如也如此則下困而究上亦困何也為本末相為勸起新故不可不以時化而定耳此先論富國然後下及强兵市也者勸也勸者所以起本善農者能多致市利則自勸而不怠故能起本也善句而末事起不修本事不得立修謂饒多也末事不饒多農事不給故本事不得立㊀通本善為句主欲興本之善借末後以起之末貨不流行農穀無所易滯殘本傷選賢舉能不可得惡得伐不服用欲伐不服用必待賢能㊀通財富祿充而後可選賢能以伐不服上言二事此亦兩承上百夫無長

不可臨也。若無賢雖百夫之長無人為之千乘有道不可修也。雖千乘之國有道以用之則不可修營而伐之也 通 脩如左傳脩鄰之脩夫

紂在止惡得伐不得。紂在上位萬人讎之鬼神怒之雖其旅若林莫不倒干自伐故無有伐而不得者也鈞則戰守則攻。言伐紂者力鈞則與之野戰城守則固而攻之 通 鈞則戰是泛言兵事力敵則兩戰不敵則弱守而強攻百蓋無築千聚無社。謂之陋。一舉而取天下有一事之時也。言紂人苟且雖有千聚之夫不立一社以統之如此者為政之陋也故武王一舉取天下而有之此萬代一時之事也 通 有時與上然後化時應國自伐而人伐之無築無社則與紂之前

徒倒戈同一陋耳故乘以時一舉而有天下萬諸侯鈞萬民無聽雖使萬諸侯鈞引於人人必不聽此三言者貴（通）萬諸侯鈞地醜德齊故七雄二百餘年不能統一民無聽也民去暴而歸仁也上位不能為功更制其能王乎居上位不獨立其功不更共制之若此者必不能王也（通）民鈞無聽必為功更制我有勝人然後能王緣故修法以政治道則約殺子吾君故取夷吾謂替子君之子也其能緣順故常修理法制為政不違於道若此者可共謀要殺君子之不當立者吾君所以取夷吾為替者為有此道也

（通）數言難解按上言更制能王此循法政治意在

緣故而更制以脩楒應上摩故道新道定國然後化時以與有道約諸侯殺無道如武之伐紂一舉取天下之時也子宇不解王制雖大曰子夷之也有道王之無道夷之或是與一曰有道治國民所望而歸也相約殺其君而子於吾如紂倒戈然替獻替也更替也謂取夷吾獻替之謀改紀新故以定國家而成王業也一曰桓之意主循故仲之政主更新故曰君取故而夷吾謂替更之謂也○以下適作悠眇難于吊詭深揣臆解未敢信然舊註

大仵公曰何若。問何以獨取夷吾也對曰以同。以其德智同故取也其曰久臨可立而待。通出治以同民成化於久道摩故新更制而王此革之用也革曰已日乃孚非主臣上下同德同心何爲孚非惠心惠德必世後仁何能孚以同孚道也日久臨巳日道也如是取故法一日脩而更新不戒而孚不崇朝而徧立而待耳欲速小補其民不信稟食小祀其神不昭故祀無福報而有沈浮蓋厚德輕財之所示先立象期同民從忽孚德厚利之所感知禱之以祈神不在財而名則知政之以同民不在利而德矣焚燎瘞沉沉浮之祭也縷帛即奠帛焚埋此借祭祀明輕財收民之道故下接言鈞同其財民爭悅依之至十而萬服而成民斯矣而化不知而後更法臨之政與上摩故新化時國鄙貧富之指相照在仲內而寄之王道則養而教之事也故為軋屈詭欺人耳鬼神不明。謂君子不當立者雖久臨其位危亡可立而待其享祭鬼神之禮又不能明也囊橐之食無報。明厚德也。此論桓公之隱雖以囊橐之食遺人不求其報所以明厚德也沈浮示輕財也。其散施於人不顧其沈所以示輕財也不得其

報曰沈得報曰浮或曰祭川曰沈浮也先立象而定期則民從之。先立

法象與人定期人則率服皆順從也故為禱謂先人禱神祈福祥朝(通)祭祀之

朝事縷綿明輕財而重名。縷帛也言每於朝置綿以賞賜所明者輕財而

重名者也公曰同臨所謂同者其以先後智渝者也。所謂

臣德同君者能先後於君其遇危難則智謀變而通之詩所謂予曰有先後者也

爭依則說。假令財與人鈞同人則說而爭依於已十則從服。若財十倍多彼

則服而從之萬則化成功而不能識若財萬倍多彼則變化而無不如意

故可以成功而觀者莫能譏之而民期。然後成形而更名則臨矣。

言人心期以為主相與樂推然後成形於以名前所服之人則臨之以為君矣(通)民期成

形而更名則臨即其曰久臨之說也由同而十而萬由依而服而化不識則胥天下之人心同於我而乎我一人之心同於天下過則化存則神如風雨寒暑變於前而民不知出入作息順於上而民不識何不可更而臨之故由於同之本其以先由於同之更其以後在知臨大君之宜化而調之曰識先後用耳不識先後不謂智不智不可更渝者更也更同而臨請問為邊若何。（問所以防禦邊境）對曰夫邊曰變。不可以常智觀也。（邊者兩國交爭寇敵同郄曰有變當應機而動）

故不可以常智觀民未始變而是變是為自亂。未變者應機未發且當備常而伺之令人未當變而輒為變此謂先時也更益其亂故曰是為自亂也請問諸邊而參其亂任之以事因其謀。諸變則四變也謂參驗知其委變之亂然後以事任之因其所謀而用之此已上公問之辭也（通）請問諸邊此問辭參亂與自亂相承言人君訪詢邊情而為之事謀

方百里之地。樹表相望者。丈夫走禍。婦人備食。謂百里之國自國都至邊境每於高險之處樹立其表此遞相望其有寇賊之禍丈夫則走而奔命婦人則備食以給之也（通）樹表如後世烽火從邊外以傳內外赴警而內備敵曰內外相備內外相備外拒寇以防內內備

食以給外故同相備也春秋一日敗曰千金稱本而動。春秋種穫

尤為農要此二時而有戰但經一日敗費千金故為國者必當稱本而動也侯人不可

重也。唯交於上能必於邊之辭。侯入謂諸侯之來入國者侯人入國

或伺我虛實覘我動靜不可使重之唯有能與上交必定邊境之辭至國不易者其可重也

㊂通周禮有候人即候吏偵騎邊之交與辭主之脈固

交無攜貳能必辭無溢言其人貴遷不貴濫得則

成羊陸之睦失趙吳楚之爭故不可重也與不可

不重同行人可不有私。向不有私。所以為內因也。

行人使人也若何而可唯不有私耳無私則意成故能為國內成事者也㊂通可不有私

為句即不可有私行人兩國彊埸往来之使使能者有主矣而内事。使人出境必有所主其所主者欲成内國之事。㊀通使能起下上察邊防外之事下使能固内之事安内攘外備邊盡矣萬世之國必有萬世之實。無萬世之實不能成萬世之國。㊀通不信賢國空虛故以有賢能為實必因天地之道。天地之道順以動者也。無使其内使其外。應内而外失外情也。使其小毋使其太。㊀通天清陽在上資始地重陰在下資生故卑高以陳貴賤之品也有德在位居内而國大有能在職役外而任小弃其國寶。應小而失大事

之宜大臣國之寶也今非理使之故曰弃國寶也(通)弃其國寶屬下句直
至而聖爵祿國之寶也弃而不吝以任大臣必其
人聖智足當之故曰貴一與而聖小臣量材器使
稱其能而與之官則無溺職而小材皆可為道能
則専二語大臣也椽如漢椽吏之椽佐吏小官毋
使踰尊陵大踰則小害大下侵上能宮官為君即
主也主能用人合羣不守而自不散以大統小衆
乃有長不然則人起為敵此君糺合人羣之道也
使其大貴一與而聖句稱其寶使其小可以為道

謂使其大臣當尊之一與其事必無轉移知此則舉輒有成能立聖人之功謂稱其寶矣能則尊。尊則佚。使得其能於事必專專則功成故佚樂也椽能踰則椽於踰椽猶梯也謂鑿椽以為梯凡欲踰越高遠必因梯而後能若不因梯直欲踰之則不能踰矣然則踰因梯而踰矣此踰成功必有良臣賢佐然後事遂而名立也。能宫則不守而不散。宫謂防衛之國四國也能有四國之宫則不有寇難若無宫直欲守之其衆必散也衆能伯。不然將見對。伯長也謂材能之士衆必能為之長若不能長之豪傑之人將來對已以兩雄角兩雄之為也君子者勉於亂人者也。君子者德民之稱故但亂察入不為人所亂非見亂者也。故輕者輕重者重前後不慈。輕謂臣人重謂君也凡君臣所以能相慈者輕能事重重能制輕然後慈惠之心油然生矣今

輕自在輕重自在重或前或後不相交接否之謂也何慈之有乎

通輕重即申大小使能之權不別輕重而全祿之國貧用乏全賞之善變為惡亾以使常〇輕重因其人或前輕而重或前重而輕非我有私愛也故曰前後不慈輕者在下進希爵祿我掾實而使之下必奮于功重者在上名位已極席寵滿志我無從而起輕使之矣故輕重必有齊大賢重之上位論適以經邦小材輕之下秩慕實而樂死是以用人無全祿全賞以輕重前後而已凡輕者操實也臣須君食故以必操君實也

輕則可使。（輕而操實則可使也）重不可起輕。（重無實則輕不可起）輕重有齊重以為國。（重者不限則以為國）輕以為死。（以道使輕可以致死）毋全祿貧國而用不足。（欲全其祿不以與下則賢去而人散故國適貧而用適不足也）毋全賞好德惡。（句）亡使常。（雖曰好德全賞而不與雖曰惡亡所使者乃常人若此者敗亡之道）請問先合於天下而無私怨。（謂與天下合同人皆樂推故無私怨也）犯強而無私害。（雖犯於強乃以公義故無私害謂楚貢苞茅之比也）為之若何。對曰。國雖強。令必忠以義。（令忠以義雖強必德之也）國雖弱。令必敬以哀。（令敬以哀雖弱必免也）強弱不犯則人欲聽矣。（犯雖輕弱則人違之）

（適）忠義敬哀事大字小兩

不犯則兩得欲先人而自後而無以為仁也。（先人自後大國禮之何仁之為也）加功於人而勿得。（施功而不求於報也）所橐者遠矣。（橐貨而匱民者當遠之也）所爭者外矣。（交爭無禮者當遣之外也）㊣通 先人而不以為仁加功人而不自得則其量所橐遠而所爭外矣外則不爭功名之內遠則囊括四海明無私交則無內怨。（私交則不公而偏故內怨起之）與大則勝。（能親與大國故得勝）私交眾則怨殺夷吾也。（使君私交者夷吾之由故怨眾怨而殺之）㊣通 有德必有怨私交之眾不勝怨家之多則羣殺 ㊣演 殺不怨利不庸王者之所以同天下惟無私也私出一人之欲無私合天下之欲為欲滅孫曰以欲從人則可以人從欲鮮濟故人欲聽者我無欲以聽人欲者也凡人有私有欲一曰先己而後人一曰施人而求報兩者所稟所爭獲而無遠內而無外於天下何嘗無交無合而我私於內比天下亦且知吾之私而內恐矣是以與小不如與大之勝也大心者外公而無內私也故不令人喜不令人怨亦不可得親不可得疏天下忘其德安生其怨惟有欲而私交者交雖衆其遺于交之外者

更衆矣天下各逞其欲以攻吾之私是以朋家讐而亂賊起故曰怨殺夷吾何也君相持天下之卒造天下之福而叢天下之怨者也可畏也如以予人財者不如無奪時如以予人食者不如毋奪其事。〔不奪其事則各安其業食無不足也〕

㊣予則私毋奪則公此謂無外內之患事故也。〔財食足則外內之患忘也〕君臣之際也。〔君臣非有骨肉之親但以禮義相接也〕禮義者人君之神也。〔禮義在則君尊臣卑萬人以宰故同神〕且君臣之屬也。〔以義相屬〕親戚之愛性也。〔相親相愛性也〕使君親之察同索屬故也。〔索求也君親之於臣予同求其愛敬矣故〕

事也臣雖屬君當以事親之故事君使人君不安者屬際也使君不安其位

者則臣但以義際君無愛敬故也不可不謹也臣無愛敬或化為仇敵故不可不謹

之也㊣通君臣義合非可私也其際交必以禮義為人

君之神而後其聯屬如親戚之愛出于性然此謂

審大同之公為求聯屬之道故也苟無禮義之紀

君失其神而與臣下比則屬不以禮而以際者

上下相與但以位分之交而情義不孚也陵偪黨

叛將起君將不安賢不可感感賢則邦國殄瘁能不可留

材能當引用之不可留之於彼身㊣通尊賢使能故坐論在朝廷君

有禮接而無威陵宣力在邦國士有效才而無留良枉事之於前易也水鼎之汩也姦凶之事先其未然而杜塞之則甚易猶水之在鼎以烹之食事亦不擾也人聚之壤地之美也由是地美故人聚之也人死之（通）熟鼎相食而樂聚樂土安居而老死若江湖之大也人所以為君致死者則君量若湖水之大無不容納故也求珠貝者不令也君之於人有所簡擇若求珠貝之為也人必去而不令之（通）求珠貝屬上句江湖之大不令而求珠貝者至君澤之大不令而下就養者歸祭祀饋熟割烹皆熱祭畢旅酬政此時若遠熱則交解不處矣為不可

食而利之況又遺其利乎利在來求不須教令逐
神而遠熱交解者不處兄(通)古況字遺利。君之於人也使
敬之若逐神長之若遠熱其逐神者交解祭祀不敢留處其遠熱也雖有兄弟之親亦遺利而去君
之尊嚴莫與大誰敢窺覦之哉夫事左(通)連中國之人為句謂人君行
事不得正中國之人觀危國過君而弋其能者豈不幾
於危社主哉中國謂得禮義之中國也弋取也中國之人見危國過君不能用賢道為
已用如此則過君之社主近於危也(通)中國即國中必與之養而其
情合失利則左矣凡立君以安人也與王之主無
不同民危亂之主無不排民舍其同而左之是觀

危國過君而弋之也弋謂取其能而法之如此說

危社主利不可法故民流神不可法故事之神亦不得

其法不知神之所在故畏敬事之所謂陰陽不測之者也㊟通利人之所欲不可

法而禁故民越如流水神無形與聲不可法而求

故敬事之如在天地不可留故動化故從新天地施化

日夜不息故能生成不已以天地變不可留停故動化其故以就其新然亦循故之四時周而復始

無所易之也是故得天者高而不崩謂得天變化日新之理故能常保其

尊高而不崩壞者也得人者卑而不可勝得人則衆歸之是故雖卑不可勝

故聖人重之謂重天也人君重之謂重君也㊟通得天化故而

從新者也得人散利以同民者也天道變化而有
常故高不崩人心附利而合衆故卑不可勝聖人
人君一也法其化精治身而緒治國同其流卑結
民而高守位神天之用也利民之趨也唯不可留
乃不可法故至貞生至信句至貞正也謂正心生則至信生而應之
也言徃至絞向生絞謂急言私已令空以言徃而無其實則至絞已言生而應
至自有道正生則信至言徃則絞來有因而然故曰至自有道皆不務以文
勝情以文勝情情彌虛也不務以多勝少少是能正衆非故多不能勝之
生至信句徃至皎向生至合下為向君心正莫不

正而天下信之。此中乎之化徒以至言為繆紛約
束民且苦操切矣故迮至有道不以以勝情主中
乎也不以多勝少主術約也不動則望有廬君子儼然
不動則望者如攜焉旬身行。旬均也君子身行必令均平正直法制度量王
者典器也。理國之常器也執故義道畏變也。君人執守故義以尊於道
者畏輕躁之人妄有所變也天地若夫神之動化變者也。天地
之極也。若能祀神而動化變流弊天地之極理善莫大焉能與化起而王
用。則不可以道山也。若能隨神化而起王消天下其所運用則不可以常道格
之其富饒取類於山也㊣通典器執故者畏變而合天地神化

者變與天地同極極則變變則通通則王用之道不可以止山艮止之義也仁者善用智者善用非其心。則與神往矣非其人尚能用之則明無不用如此者可謂通靈合契與神往來也㊟通非仁智不能用神神將流散而往〇務文多勝人者動於外者也用情少孚人者凝於内者也主心無為百物自刑如天極不動衆星自共是以天下之人儀而望之有膺可依其表正也行而則之旬均可象其過化也然後以法制典器執故而更新之變化通於鬼神而動静合於天地經萬世

而王化不可止以王道之原無止也此為兼仁智

而妙道用其聖人乎非其人化不流而神與徃矣

衣食之於人也不可以一日違也一日違衣食生理或幾乎不全

也親戚可以時大也謂時大聚會之以結其恩意是故聖人萬

民艱處而立焉人着艱難而易擾故聖人處立其上常有戰兢之心畏難之也人

死則易云死則無所為不憂其為亂故易云也生則難合也生着有利欲之心合而無防盛生姦謀故難合故一為賞再為常三為固然謂一時行其賜人則欣賴以為賞頻再為之則人以為常謂至此時必當有賞頻三為文則以為理固當然無懷愧之心

(通)此又申私交屬際歸禮義應上文其小行

之則俗也若小行其賞則人習之以爲俗無過厚之恩也久之則禮義。久而一行厚賞則人苟德而懷恩此禮義之正者也故無使下當上必行之無使下人每至時承當君上必行之賞也然後移。商。人。於。國。非。用。人。也。下既不希上賞則專意於市故商人皆移來入國也㊣無使下爲固然必行則下必盡功能以市上賞故曰移商人於國非用人也人自來市非我用之此等秦末之談春秋所不道。一曰衣食之於人以下皆承上神用動變歸上下市交以應侈靡之化從其衣食之急而時爲親戚之大以習俗之小而扶禮義之久則上可以

禄賞市羣臣之用而下即可以豈修通商人之利
所謂移商於國用人理財兼利之法也借財以鼓
人旅即借人以通國布故不擇鄉以下皆言商人
貨殖處使出入唯利無常内發山林之藏而外息
市廛之居此可觀利之流矣即可觀人之情矣必
上侈下靡乎貴隆其錫予賤通其靡著是以上下
之交其親于父子而君臣之財其化如商賈唯侈
靡之神用鼓動其貪心寃使侈靡之久化积守其
衣食此法之變之極也不得則有徙移市邑之一

端即所謂忽然易事變而成名此法變之小者也
一章文義梢歸盡此大略借在術主在利不擇鄉
而處不擇君而使商人常隨利往来不擇鄉又不擇君故出則從利
入則不守商人出國唯從利焉其入國遇冦難則恇怯而苟免不為君城守也國之
山林也則而利之商人雖不為國用亦有利於國猶山林也隨取而得其利則當
容受而取其利也市廛之所及二依其本市則衆聚喧買尤多塵埃今使
工商二族依之以為本此亦處物之宜也適不中什二者非吾財也故
曰二依其本故上修而下靡得商賈之利故上修下靡而君臣
相上下得商工之用故依之章著上下之儀相親則君臣之財不私

藏。相親則情公故不私藏財 通 極言商人之千利以比君臣應
上言利又歸本蓋修靡然則貪動枳而得食矣 枳棘
者所為擁塞也農人貪商賈而動者則枳塞其幸者但得貪食而已無餘利也 多徙邑移
市。亦為數一。其有田邑之人今移於市此亦為貲數而得一耳也 通 貪人必
求利于市故不敢妄動如枳藩守而化居各得其
食若輕移徙必失利向之什二止得數一耳問曰
多賢可云。問多賢之理可言不可言 對曰魚鱉之。不食呼者。不出。
其淵。樹木之勝霜雪者。不聽於天。霜雪不能殺是不聽於天也
士能自治者。不從聖人。能自理者則有餘不從聖人而求之也 豈云。

哉能自理則雖聖人不能致自斯之外何可云者（通）王制司馬辨論官材

云之為言論敘之也夷吾之聞也不欲強能。材能之士

心不慕已勿強引之也（通）強人以不能不服智而不牧。士之材智

上不服則勿養之（通）能士無以服之雖智不為後一曰強

官人能不服其心智不為我使牧臣牧也若句亂

期於月津若出於一明然則可以亂矣匪一月曰朔津明潤

貌君人之道當若每旬之虛而任數自朔以来日既至津然後出一明矣如此虛而任數理足自明

人但虛懷接物賢才自至亦猶是也（通）旬虛即朔虛天以寅申為天

津首尾月死於甲生於庚政以朔虛桊用而後明

生如一以喻士不為用則虛名因而虛之即下阨而薄之也然後士習可一矣○一曰日為君月為臣君道充制臣道卑服故月常以朔虛為氣盈之用盈則饒也虛則詘也詘月以應日然後明生如一比于詘臣以服君上下之交一如此故月可虛而成歲臣可服而成治不可虛乃用下之阨薄故阨其道而薄其所予則士云矣。士之道藝則能阨而服之至人所與則薄而少之如此則必自來其理可言也（通）高賢道廣則爵從崇小才道阨則任從薄政論材也不擇人而予之謂之好

人。不擇人而取之，謂之好利。遇人則與無所簡擇可謂多所愛所愛多
不當審此兩者以為處行，則云矣。兩者謂不擇取與不擇而取寧不擇
而與用此以為處身之行則其理可云矣（通）好人好利非好賢也審為
處行賢可論矣。不方之政，不可以為國。不方之政謂邪也
曲靜之言，不可以為道。靜謀也節時於政，與時往矣。
凡為節度當合於時所施政教與時俱往不動以為道，齊以為行。守正不動
以為道齊警肅然以此為行也避世之道，不可以進取。苟避世則晦明藏用
若無所能故不可進取陽者進謀，幾者應感。顯明其事者欲進而為謀幾理
之動唯應所感也再殺則齊。一殺尚有參差必再殺然後可齊文王再駕伐崇武王再

伐紂也然後運可請也。既濟則天下服故請問歷數之運將陟帝位也陽者進謀以下公問之辭也

(通)方正蕩平王道也曲為偏靜為無用世安賴之政必法天隨時而節如生殺刑賞其大者主不動為道齊不一為行去其避世之亢要于經世之務謀進顯之幾感應之猶恐世之不齊其再殺乎即誰能去兵齊之以刑也如此後可四世運而應天運前段云矣已完不方以下皆問辭下曰時曰不殺皆與此應。一曰曲者拘于陽而不通靜者安於常而不動變化不神與道相違道因

時者也以道合時以時節政是以靜為道根動為道行專主不動以齊行則避世之為非進取之權也偏於陰也守陰柔陽進謀而用幾時生則生時殺則殺以殺為生而後齊此天地之運而節時者之所請法也殺之齊與不動之齊懸矣陽進幾應再殺皆運也所謂節時于政與時往也故不對運謀一取之時對曰天運謀者天地之盈滿也合離也言歷運之謀崇替相因若天地之有滿虛合離乃理之不可已者也春夏為合秋冬為虛春秋冬夏之勝也若無春秋冬夏之變則不能相勝而成歲有道之代無道亦猶是也

然有知强弱之所尤。然後應諸侯取交。（尤殊絶也謂應運而王者必有智而强殊絶於衆然後應諸侯可以取天下之交）故知安危國之所存。以時事天。以天事神。（謂以神禮事也）以神事鬼。（謂依時而享鬼也）故國無罪而君壽而民不殺。智運謀而雜橐刃焉。（雖用智運謀亦須戚以成之故曰雜橐鞱也）其滿為感。（感則物應故滿也）其虛為亡。（亡則物散故虛也）滿虛之合有時而為實。（滿時為實也）時而為動。（虛時為動散也）地陽時貸。（地在陽時假貸萬物精氣以長養也）其冬厚則夏熱。其陽厚則陰寒。（厚謂過於寒熱冬有極寒夏有極熱夏有極熱冬有極寒）是故王者謹於日至。（謂冬夏至也當知二至之寒熱也）故知虛滿之所在以為政令。知其寒熱之虛為時令以順之已殺生句其合而未散可以決事。時冬時既有肅殺其萌芽內叢欲生也然其時方寒合而未有時可以決斷罰罪之事也將合可以禺其隨行以為兵是謂事端初見也謂夏末初秋之時寒涼方至將凝合初見其爲隨此時而行可以為兵威也分其多少以為曲政兵之所由各有多少隨其多少委曲為政(通)運謀鄭

時於政也運時在天地謀政在人以人合天必通於時之化為化中則守之偏則調之極則應而動之精以治身緒以治國謀于此矣虛滿也合離也孤虛旺相分至之候也強弱也多少也陰陽進退

長短之度也皆天見其時君應其政故觀于天地
四時陰陽之所尤則外以應邦交而內以安存國
天人神鬼交感之數盡于此時矣所以君民國三
壽着乘時而得天也安危定傾與天與人之說也
以智運謀合時之變以雜橐刃用時之殺滯為感
之虛為亡之合為實之動之其上則二至陰陽進
退之極物盛則衰也其下則二分合散動靜之中
氣長則消也其元則一陽乎陽出于地以時善貸
生殺萬物道有極至而運相變通是以天道聖人

常守其中偏則冬厚夏熱陽厚陰寒起于二候之極不調而二氣之錯相過矣是唯王者謹于日至以察天運而知虛滿之在因布政令而調生殺之謀用其中則合而未散以決德刑之事相其偏則將合以禺為春育悳隨行為兵為秋肅殺皆從時運多少之分應之委曲之政其生也殺也非我也虛滿合離之所進則時乎此謂政與時徃陽進謀幾應感是故殺不害生而殺以為生再殺則齊道如是余云再殺者運從陰殺起陽生又回陽生歸

陰殺則萬物齊天之神用道之秘符亦國之時藏

難言哉難言哉請問形有時而變乎謂歲年多吉凶之變可知

對曰陰陽之分定則甘苦之草生也陰陽之分定於吉則有甘草生薺是也定於凶則苦草生葶藶是也從其宜則酸鹹和焉謂從時之宜以酸鹹之味和而食焉若春多酸冬多鹹是也而形色定焉以為聲樂色酸青鹹色黑青聲角黑聲羽言定色而生聲夫陰陽進退滿虛亡時其散合可以視歲唯聖人不為歲言陰陽滿虛散合可視知歲之豐荒也能知滿虛奪餘滿補不足聖人善識滿虛之所在故奪有餘者補於不足以通政事以贍民常或滿與虛萬人均乎故能通達政事贍足於人使修常道

地之變氣應其所出。謂地見災變之氣應其所出之處設法以禳之水之變氣應之以精受之以豫。水見災變之氣則當應之以精誠其祥不祥當受之者須預有所防備之也天之變氣應之以正。天見災變之氣唯守正以應之也且夫天地精氣有五。不必為沮。謂五行之時也其時之氣不能必則為沮敗也其亟而反其重陔。連上不必為向動毀之進退即此數之難得者也。其為沮敗也或纔有形而違反者或遲重喘疑久而不去者或發動而有所毀傷者或作進作退者凡此皆災敗之數難得而知之者此形之時變也。謂歲年之形有變也(通)王代天也天時王政之所節也不曰時有變而不常必循常以聯合天人

之形幾不應符而坐視以行盡聖人為無權矣安
云造命不言命也故曰唯聖人不為歲奪餘消補
不足夫二至變遷甘苦草生此陰陽之相乘代而
氣變極於斯矣從而布五行於四時則五味五色
五聲之宜迭竭還生其滿虛散合之進退乎亡時
者于觀歲變焉而變之亡時未嘗不時于觀歲通
焉易曰窮則變變則通通之道不外於定而能相
分以神其定則應之所為轉之也故曰通政事以
贍民常醫用之亢承以療民疾而相運王用之奪

補以四民經而相變也變之氣三辰之通三地有
形也救之其出天無形也訶之以正水無形而有
形也感之雩鼓坊之庸堤五氣之在天地淂常斯
平失常斯異異邪氣也注焉忽焉勃焉始奮以孟
盛盈以重終陵以陝其奮也少之氣不可遷而沮
其盈浸以衰及之而以動杜其陝蓋天地之運不
可人爭而可以人挽此動毀之功以銷進退之應
也洪範時恒在皇極之克繁露日月水旱勝救在
陰陽之縱數之難淂形之時變而聖人不任數不

遂形以通其變此為奪補政事故兩儀倚聖人之調為變而六合恃聖人之輔為生沮乎氣之陽若如辭靜。言欲沮敗乎和之陽氣默至無形聲如辭言之靜若餘氣之潛然而動愛氣之潛然而衰胡得而治動。实之餘氣潛然發動愛怜之氣已潛然而衰則氣候之動難知者也故曰胡得而治動自沮乎已下公問之辭

〇通 沮止也靜也不必沮其亟則當沮其乎陽動陰靜沮動以靜然而餘氣愛氣之潛而動潛而衰則皆陽候也胡治之氣毋子相生我生曰餘氣生我曰愛氣孤虛旺相之相乘相竭未來者進而將則過去者空

而衰矣治動者于此迎其生而毓之即葆其元而含之所以培上下相生之符而制先後相克之害也太史之占歲運以啓王者之調贊以示道者之煉脩不過五德四序之還宮善持其靜以治其動耳已微乎對曰得之衰時位而觀之。得其沮氣衰敗之時立分位而觀察之佁美然後有輝。佁深思貌謂深得其美理然後情魂悅而貌輝然也修之心其殺以相待。既知災氣之所召則修德於心以禳之其凶殺之至必有以待之故有滿虛哀樂之氣也。當察災而德禳或滿而樂或虛而哀也

故書之帝八神農不與存爲其無位不能相用。(演)

淌虛衰樂之氣即孤虛王相之位其衰也生也其生也代也交迭而勝迭而用也是故一歲之紀貞而元一月之周晦而朔一日之候亥而子陰符曰天地殺機以其殺而為生乎上之常之為歲盈虛下之變之為反重補奪脩之心其精治也脩之心而應其緒治也是以恩愛交生聖功出焉觀于發而得其氣得其機得其待待之始含章為佁美待之積發光為有煇易曰美在其中而暢四支發事業此之謂也天地之一氣分為兩列為四位為

八八風從律八卦相生一令當位而[illegible]交為用三
分隔八損益之變造化故以生為用亦不生幾于
毀矣八帝八位也一曰四帝四神夫五行之數十
而布于四時則八四時之序毋生子而火于金則
殺矣炎帝火位也火不能生金而待土以生火無
也無形亦無位是以退火而進土离曰畜牝牛吉
其象也且夫火土同生而同位内經二火與土而
中然則天地之不盈於火可識矣火之不能為有
可識矣用火之不欲其有又可識矣微乎神乎斯

以殺為生以無出有之道乎可與道者通難為俗儒解也問運之合滿安藏（易之所序五帝謂伏羲神農黃帝堯舜書之所記三王夏殷周然於八帝之中神農所存事迹獨少則以不為位以覩災厲氣又不用公問自今之後運之合滿何所藏隱可得知之乎）通無有合而不散滿而不虛者天地之運有所相人有所聽人有所不制於人故王者之政有為運謀有為應變有為變之所不得四則人代之數不得不尸於天而王無術矣詩書所載聖人之遠計良法于世何不周而世卒無有不移天常善而人無常善也故安滅之問所以極

變也變氣之數三王不能回是以屋社更祭無時誰遞于陰陽之患乎圖㯢物觀風氣以備省而㳽禳哉祈永之道耶二十歲而可廣十二歲而聶廣百歲傷神管氏對曰從今之後二十歲天下安寧德義可廣又十二歲代將亂而攝其廣又百歲之後天下分崩咒神之祀絕矣〔通〕世數未來之測非運氣歲周之說周鄭之禮移矣禮移則俗變也則周律之廢矣周之法則壞矣〔通〕禮法移廢之始在五伯之終三家之命則中國之草木有移於不通之野者時既戰爭廢於農事稼穡之地荊棘生馬芀草之蠶移變於不通之野〔通〕擬胡滅越移中國之植於

荆漢南交之野，然則人君聲服變矣。聲謂樂聲紊亂，則聲服俱變。[通]前之桑閒濮上，後之胡服騎射，則臣有依駟四馬之祿。依稱也。代衰則臣富，故臣多養駟馬，及其受祿又以稱之。[通]三晉篡君之侯。婦人為政，[通]七國毋后之擅。鐵之重反旅金，君幼則毋后為政。鐵者所以為兵器，當重之，謂下流甲識不重鐵，反旅陳於金而玩之也。[通]兵甲戰爭鐵重旅金。而聲好下曲，食好鹹苦，謂聲之下而悲者，食多鹹苦之味者，婦人之所好者。[通]下曲鹹苦皆水，秦以水德代周，歷三代之王皆于其勝下言祭時其事也。則人君曰退亟，既使婦人為政，則百度昏，君之退衰也，豈不亟急哉。人則谿陵山谷

之神之祭更應國之稱號亦更矣。更改也國衰則神之祀改其所
應祭國之稱號亦更矣市朝既變後聖既作故改其國號（通）秦巡遊勒石之祀
郡縣天下之號視之亦變。旍麾之屬目視而取節令變矣觀之風
氣（通）占風望氣之家連上爲義古之祭有時而星
或祭星以祈風氣之和者也有時而星熺熺星之明或有祭明星者有時而
嫗熱甚也謂燠旱熱甚而祭有時而朐朐遠也或遠而為來歲祈福而祭之也鼠
應廣之實陰陽之數也。鼠憂也凡此皆君之憂人故廣為祈福祥而祭之調
陰陽為物也華若落之。名祭之號也言祭時為物作美號若花落之莅物
益其光輝是故天子之為國圖具其樹物也（通）術故悠

眇其大指承運謀所去知安危國之所存以時事
天以天事神以神事鬼故歲數移㢛聲服變神祭
更國號更皆主運氣安危以應盈淵離合時變之
務下言祭變則事天事神事鬼之說也周分野午
陽極也過此變則為陰故臣過上婦擅主兵戈起
而鐵重於金聲下曲食鹹苦皆陰位氣味之變運
變而國隨之矣祭有時星云云舉三代之變祭以
表世運夏祭閼曰星殷祭陽曰熛周祭曰以朝及
閼曰星熺曰朐鼠應廣子為鼠晝伏夜出應陰陽

之數意二至祭耶華落意春秋祭耶圖具樹物兩應此此蕭終所以歸結于祭謀在人運在天人可回天不能勝天天子合天道調陰陽弭時變其謹祭祈天永命乎天命衰去之則移矣故修靡盡人事以轉下之俗尤必運謀祭天化以持國之衰○陰陽之數窮於亥而始於子子鼠也一周天為二元當王者華命之正朔楙木生為華而殺為落落而更生則一歲之帝神更矣當王者易世之建祀即所云谿陵山谷之神之祭更應國之稱號亦更

也圖具樹物樹是山川壇壝封樹之變三社松栢
栗之類物是文章服色之易三代青白赤之尚此
皆世代之更改步改物之謂也（評）此後世讖緯
符之說推背代運之圖加倍後天之法乎恐五德
所不談洪範志所不載陰陽家所不識九流六儒
又其詘矣意未必管氏之書其周秦之間游士歷
世運而託爲神說夫談驗于事後發徵於占前術
固懸矣管氏雖智臨訣之言不能占三歷人之必
亂五公子之必爭其又迂而及王命華興之數耶

按古大人之器惟卜筮年八百世三十周公定洛之符未聞決數數之顯自亡秦者胡而後始絲絲新漢之交其氣著意周室尚文之後天地之秘壹開奇說異人幻術鬼師蠭起别有一家數學流傳密授為後代緯書符命之宗奉為靈寶嘗仲之世或已有遇之如石室蘆灰之傳得于秘藏采本因自神其業然而左氏至好奇也侈怪迂徵應前定之談不過曰卜曰夢曰史曰巫曰妖曰神見神馮未有及運數之計則此必春秋之後七國游客

異端方士占候之家鑿空依神以動世主而自見奇內為神仙方祠外為風角望氣又怪為九章五運筭推緯驗至此廣乃有不得知者耶聖不語神理不及數所謂六合之外存而不論可也夢之中又占夢以求甚解則惑矣

(演)侈靡可命乎曰不可作于涼猶奢作于奢何極有開慎乃儉以率民未開以侈率也有開化民以儉未開以導侈也民之于利勤矣君人將塞漏脩坊以止流之溢而反其原不給又自從

而决以注乎太古標枝野鹿鷇食鶉衣上下一齊有財無用之後聖人達之官長設之度數列之六儀奉生報死祀遠之文脩故通之功事制之化居有無所以成禮顯道養萬民而宣教化同如是以利下自利乎哉以一風俗而稱人心之初惇倫起化曾權設陰陽籠愚天下之心以自行巧而薪富壞民俗乎哉予許修靡所條之務別無外奇撫只以先王倫常之陳下為灌輸輕重之術以人用不可必己之務冥施心計一

切冈市之媒使嫣世者憤而誓曰聖人不死大盜不止然則將盡舉開民務者之帝王爲从于蹠之道乎王制云析言破律左道亂政此篇當服此刑也噫非管氏之書七國游士挾術横議好事之流文致其辭援王以飾覇而因推覇以附王也則管氏不勉王格君而因任其欲使驕淫内變已又以三歸樹塞阿君揚沸而階之厲也仲亦過矣夫國奢示儉國儉示禮太公報政曰尊賢上功而桓公尊富上侈不有漸衣敝裘

不揜豆之晏子誰爲救而反云我惜我景之于
桓無什二也假而得君晏子桓公之忠臣而管
仲之益友

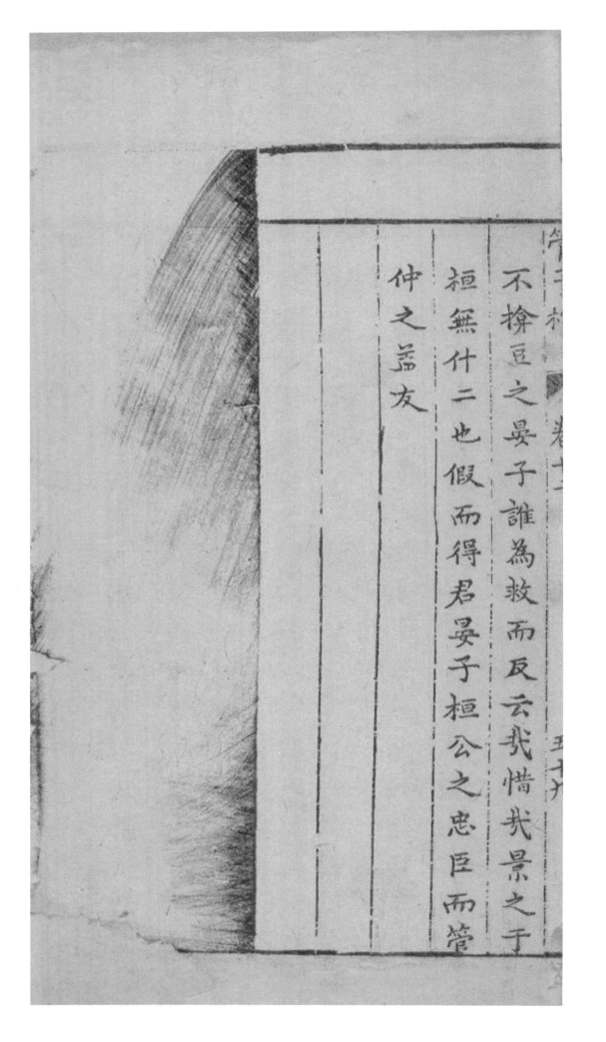

管子榷卷第十三

唐司空房　玄齡　註
明道民朱　長春　榷

㊣古之言道術無有不本于心心神乎微乎道之舍人之元天地之委命也以神而綰形役形

者神不居以神而養神煩神者道不載故一無而神道備矣天之虛地之靜天地故常無為而起化人之所不合天者膠膠擾擾虛靜喪而有累無也道將不舍身將不修人又將焉治天地將焉賛讀管子心術而知古之道術昭昭揭日月也其文約其旨精其義微四百言即五千文之要宗而三乘之秘藏也儒者展之以持世為王為伯二氏葆之以善身曰虛曰空虛空者無有而無不有也是以知心神而道大也莊子曰

心養曰無攖人心曰大宗師曰應帝王天地以
來有失其宗而應帝乎哉無有
(演)道家借君術譚道術亟又借心術譚君術微
言密藏直是登假説法不啻徵心往往印心心
宗鏡也功到地到者頓了之太公道隱人所傳
丹書陰符其授必有所自踰耋而鷹揚望期而
剖封過二歷而化其進乎道矣應石室中秘冊
府遺在焉或國中元獻世家宿業有淵源敬仲
有所本耶計時亦與柱下相接而桓文前之春

秋非穆莊後之春秋天下之治道術者尚多與

宣聖已生末光之運至老窮於轍而益非矣滋

麟騎牛之隱而術遂為天下裂

心之在體。君之位也。心之在體當身之中凡身之運為皆心之所使故象君位

九竅之有職。官之分也。九竅則各有職司不能以此代彼若百官之有其分也

心處其道。九竅循理。心之君處常能順道則九竅所司各循理而應也

嗜欲充益。目不見色。耳不聞聲。君嗜欲充益動違道則九竅失其由故目有所不見耳有所不聞也

故曰。上離其道。下失其事。上順道則下事得

毋代馬走。使盡其力。毋代鳥飛。使弊其羽翼。毋

先物動以觀其則〔演〕今天下之為道皆有心者不知道之以無心有其心也無心道役我有心我役道道而可以我役乎哉走者走飛者飛動者動我無代無先神完則著故靜為動根不失位乃自得矣動則失位靜乃自得道不遠而難極也能走者馬也能飛者鳥也今不任鳥馬之飛走而欲以人代之雖盡力斃翼而終竟不能盡以喻君代臣亡然故曰不遠而不得故曰難極也與人並處而難得也虛其欲神將入舍但能空虛心之嗜欲神則入而舍之掃除不潔神乃留處不潔亦喻情欲人皆欲智而莫索其所以智乎所以智者虛心以循理也智乎

智乎投之海外無自奪但能虛心循理其智雖復遂投海外虛心用之他毋從而奪之也求之者不得處之者將欲求之智終不知其處而得之也夫正人無求之也智既不可得故人亦無從而求之

演智乎通于神舍于心心且不得與何外求之而能奪亢能奪能求皆有形者物也心之智物物其藏也淵而不測其來也孔而不邇其發也源而不涸其用也決而不過故聖人者不思而得不求而獲神哉智乎有所以為智乎智心也所以為智神也故曰聆者神入之今不神入之欲不神之無入而神其虛乎欲

虛其除不潔乎凡天下之不潔者欲也神不自許也故生而神靈無欲也用志不分神凝無分欲也是以聖如赤子神舍而處唯處得處唯無求自求曰至無而供其求唯無內無外唯無予無奪無奪入舍留處不出戶知天下故能虛無虛無無形謂之道化育萬物謂之德。君臣父子人間之事謂之義。（人事各有宜也）登降揖讓貴賤有等親疏之體謂之禮。簡物小未一道。（六字一句）殺戮禁誅謂之法。（謂簡擇於物未有能與道為一者乃殺戮禁防之此法之用也）大道可安而不可說。（夫道無形無聲者也體神而安之則有理存焉如欲說之無緒可言直人之言不義不顧不出於口不見於色四海之人又孰知其則謂安道之君子雖人言其不義驚然不顧言既不出於口理又不見於色言理既絕四海之人誰有能知其則義哉天曰虛地曰靜乃不伐言能體天而虛順地而靜則道德全備故不可伐也潔其宮宮心之宅猶靈臺也開其門門謂口也開口使順理而言下解門謂耳目也去私毋言謂母私言神明若存宮潔無私則神存紛乎其若亂靜之而自治雖紛然而亂但靜而順之則自理也

通心欲清耳目欲開惟清而後開不然目不見耳不聞上失道而下離事也從解為得無言若存又塞兌鎮樸之

用本在去私去私則靜靜而紛乎自治強不能徧
立智不能盡謀忘強與智然後所謀立能徧而盡物固有形形固
有名名當謂之聖人立名當物所以稱聖故必知不言無為
之事然後知道之紀道以不言無事為紀殊形異埶不與萬
物異理故可以為天下始君人者必殊形異埶與物同理故可以為天下
主人之可殺以其惡死也若不惡死雖殺無益其可不利以
其好利也若不好利雖不利之亦無懲也通惡死好利自心好惡
之尊也可殺之生而之死也可不利多藏而厚亡
也得之若驚失之若驚苟其無繫于得孰其從而

失之是以吾所大患為吾有身是以君子不怵乎好（怵止也不止人好利之情下解中作怵）不迫乎惡（不迫移人惡死之意）恬愉無為去智與故其應也非所設也其動也非所取也（故事也既忘智則事自去）過在自用（自用不順理則生過）罪在變化（小聽明變舊章則成罪也）是故有道之君其處也若無知（寂泊之至）其應物也若偶之（若符契自然而合也）靜因之道也（凡此皆虛靜循理之道也）心之在體君之位也九竅之有職官之分也（此已下上章之解也然非管氏之辭豈有故作難書而復從而解之前修之制皆不然矣凡此書之解乃有數篇版法勢之屬皆間錯不倫處非其第據此則劉向編授之由曰謂為管氏之辭故使然也今

究尋文理觀其體勢一韓非之論而評此心術解韓有解老之篇矣此解老之類也與版法等不同往往微中道中人之言非道外者所解着書者以旨玄自為經傳未可知宙合亦然謂韓非則大逕庭矣

耳目者視聽之官也心而無與於視聽之事則官得守其分矣夫心有欲者物過而目不見聲至而耳不聞也故曰上離其道下失其事故曰心術者無為而制竅者也心無嗜欲之為故能制於九竅故曰君無代馬走無代鳥飛此言不奪能能不與下誠也君之能不預於下之誠凡為其所能無不誠毋先物動者

摇者不定趮者不静言動之不可以觀也位者謂其所立也人主者立於陰陰者静（静為躁君故人主立於陰也）故曰動則失位（失君位也）陰則能制陽矣静則能制動矣（君亦能制臣矣）故曰静乃自得道在天地之間也其大無外其小無内（所謂大無不包細無不入也）故曰不遠而難極也虚之與人也無間（虚能貫穿人形故曰無間）唯聖人得虚道故曰竝處而難得世人之所職者精也（職主也言所稟而生者精也）去欲則宣宣則静矣（宣通也去欲則虚自行故忍之而静）静則精精則獨立矣獨則明明則神矣神者至貴也故

推曰按言人求知彼必先修己設心以待人之設心則非虛矣謂之虛者以其無藏也必去知無藏然後

館不辟除則貴人不舍焉故曰不潔則神不處（通）黃庭曰神廬之中常脩治積精香潔玉女存人皆欲知而莫索之其所以知彼也其所以知此也（有此然後知彼也）不修之此焉能知彼（無此其具則不得知彼）修之此莫能虛矣虛者無藏也（此既修則彼不能虛誑者無能藏隱故也）故曰去知則奚率求矣（率循也無知則循理而自求也）無藏則奚設矣（既不能隱藏則無策謀可以施設也）無求無設則無慮無慮則反覆虛矣天之道虛其無形虛則不屈（屈竭也）無形則無所位趆（趆逆也）無所位趆故徧流萬物而不變（無物與之

不求不設心無慮為而慮者法非

同故不變德者道之舍物得以生謂道因德以生物故德為道舍生知得以職道之精得其生者生由稟道之精也故德者得也得也者其謂所得以然也得道之精而然也以無為之謂道無為自然者道也舍之之謂德道之所舍之謂德也故道之與德無間道德同體而無外內先後之異故曰無間故言之者不別也同體故能不別間之理者謂其所以舍也道德之理可間者則有通所舍所以舍之異也間之理人間君臣父子之交恩義各有理為事紀道德不出于人間倫叙之外雖以無為之必以理舍之舍者德而所以舍則人間之理義者謂名處

趙○按事至則應非先設故曰不宜言即前義也注非

其宜也。禮者因人之情，緣義之理，而為之節文者也。故禮者謂有理也。理也者，明分以諭義之意也。故禮出乎義，義出乎理，理因乎宜者也。法者所以同出，不得不然者也。有禮則有法，故曰同出也。故殺僇禁誅以一之也。故事督乎法，督，察也。謂以法察事。法出乎權，權出乎道。權道者，事從之而出。道也者，動不見其形，施不見其德，萬物皆以得，然莫知其極。故曰可以安而不可說也。莫人言至也。人無能言者，理之至也。不宜言應也。有時宜言，則應物故。應也者，非吾所設，故能無宜也。不顧言因也。無所顧思。

（者因舊故）因也者，非吾所顧，故無顧也。（因舊也，非吾所為，故無顧。）㊣

道不可言，莫人言，至矣。言之不如行之，故聖曰恥其言而過其行。古者言之不出，所謂行非我行也。𢓃而後應，因而後起，應非吾設，彼唱此和，如影之副形，相從也，何宜言？言則應已後矣。因非吾顧，隨物轉移，如鑑之付形，變而不可極也，何容顧言？顧言則因者滯矣。不出於口，不見於色，言無形也。四海之人，孰知其則？言深圍也。（不知深淺之圍城也。）天之道虛，地之道靜，虛則不屈，靜則不變，不變則無過，故曰不伐。潔其宮闕其門。宮者謂心也。心也者智之舍也。故曰宮。潔之者去好過也。去欲好之過也門者謂耳目也。耳目者所以聞見也。物固有形。形固有名。此言不得過實。實不得延名。不得無實虛延其名姑形以形。以形務名。督言正名。姑且也且言形者以其形也故曰聖人。不言之言。應也。言則言彼形耳於我無言應也者。以其為之人者也。人有所為故聖人得不應執其名。務其應。所以成之應之道也。物既有名守其名而命合之則所務自成斯應物之道無為之道。因也。因也者無益無損也。損益者生有為以其形因為之名。此因之術

四百卌六手

也。見形而後名非因而可名者聖人之所以紀萬物也。萬物雖多
立名以紀之也人者立於強必強然後有所立也務於善必善然後成人也
未於能。能未成者習而成之動於故者也。凡所運動必循於故致也聖人
無之。謂無宰物之心也無之。則與物異矣。物有我無故異也異則
虛。異於有故虛也虛者萬物之始也。有形生於無形也通無則虛
又加與物異異則虛明乎虛而後不物也不物
而為萬物始故曰可以為天下始聖人體虛故為天下始也人
迫於惡則失其所好迫入於惡故失所好怵於好則忘其所
惡。為好所惕故忘其惡非道也。二者皆非故曰不怵乎好不迫乎

惡惡不失其理，欲不過其情，故曰君子恬愉無為，
去智與故，言虛素也。凡知與言習，從虛素生，則無邪欲也。其應非所
設也，其動非所取也，此言因也。因也者，舍已而以
物為法者也。舍已而隨物，物故曰因。通連上舍已一句。感而後
應，非所設也；緣理而動，非所取也。過在自用，罪在
變化。自用則不虛，不虛則仵於物矣；變化則為生，
為生則亂矣。謂有為於營生。故道貴因。因者，因其能者，言
所用也。就能而用，故曰因也。君子之處也若無知，言至虛也；
其應物也若偶之，言時適也。若影之象形，響之應

聲也。故物至則應，過則舍矣。舍矣者，言復所於虛也。

心術下第三十七

短語十一

評 心術是合道言上為宗下為支矣語繁于前而旨略寡往往得珠于象罔削玉于棘猴亦玄笈秘符說林珍海足賞諧矣

形不正者，德不來。有諸內必形於外故德來居中外形自正詩云抑抑威儀惟德之隅 中不精者，心不治。精誠至之謂也中能誠至心事自理 正形飾德萬物畢得。翼然自來。神莫知其極。正外形飾內德則下觀而化矣故萬物盡得其理也昭知天下。通於四極。因物之義可以逆順故能昭知天下自近以及遠通達於四極是故曰無以物亂官。貪賄則官亂也毋以官亂心。健羨太甚則心亂也此之謂內德。官貲兩忘則內德也

㊂南華經曰母勞爾形母搖爾精又曰正女形一女視天和自至故道將形神俱妙必先形神俱定定者虛其室而神入舍也神吾神也從外來乎哉以其外而內集若翼然來云耳已來則神通定慧不出戶知天下矣知天下然後可以治天下治天下必先于

治吾身精緒之說也是謂心術謂內德是故意氣定然後反正。無欲則意氣定故能反正也氣者身之充也氣以實身故曰身之充也行者正之義也。行不違中正之宜者也充不美則心不得充不美則氣邪故心亂而不自得也行不正則民不服行不正則邪枉故人不服是故聖人若天然無私覆也若地然無私載也私者亂天下者也凡物載名而來聖人因而財之而天下治實不傷因名而財則物宜之不爽故天下之理不傷也不亂於天下而天下治天地以及萬物皆有理存焉直真之亂則是理矣專於意一於心耳目端知遠之證但專意一心則耳目自端證知遠事也能專乎能一乎能毋卜筮而知凶吉乎惠迪吉從逆凶豈勞卜筮而後知乎能止乎能已乎謂能止於已分能毋問於人而自得之於已乎誠已自通問人致惑故不問而自得也故曰思之思之不得鬼神教之誠已思而不得必有鬼神來教非鬼神之力也其精氣之極也鬼神雖能教不精極者令有精極思之極則神不得不教豈鬼神能致其力也一氣能變曰精謂專一其氣能變鬼神來教謂之精一事能變曰智能專一其事能變而動之謂智也慕選者所以等事也人之来助或占慕之或選擇之欲令其事齊等也

（通）慕好也好選擇而不涸故事無淆而等之不亂極變者所以應物也物窮則變變而

通之我之所由令極於變通之理應物者也慕選而不亂。慕選則齊極潔故不亂變而不煩。極變以順物宜故不煩也執一之君子。執一而不失能君萬物。一謂精專也既精且專故能君萬物也日月之與同光，天地之與同理。所謂與天地合其德與日月合其明聖人裁物，不為物使。聖人者裁斷於物而物不為裁而使已也心安是國安也。聖心安是國安心治是國治也。聖心治是國治治也者心也，安也者心也。理與安一在於心然後國定也治心在於中，理心在於適中也治言出於口，則無口過治事加於民，則無枉事故功作而民從，則百姓治矣。功成人服非理而何所以操者非刑也。所以危者非怒也。刑雖能操，怒雖能危，比之於道，猶為末功，物不能離道，無不操，違道必危，是無不危也。民人操百姓治道其本至也。必每人皆操道，然後百姓理，如此則道為人本，豈不至哉。至不至無，無虛也，所謂至者，虛之道也。非所人而亂。非至虛而為天下主，必亂。凡在有司執制者之利，非道也。有司執制，常弃本逐末，滯於刑政，非道也。聖人之道，若存若亡，迎之不見其首，隨之不見其後，故曰若存若亡。援而用之，歿世不亡。道無形也，無形則無盡時，故歿世不亡也。與時變而不化，應物而不移，日用之而不化。無形則無變移之時。人能正靜者，筋肕而骨強，能靜則和氣全，故筋骨肕強也。能戴大圓者，體乎大方，必體大方，然後能戴大圓。鏡大清者，視乎大明。必視大明然後能鏡大清（通）虛而用實清以生明故天包乎地鑑止而光神含形也定生慧也正靜不失。日新其德。正靜者則理順而功立故其德日新昭知天下。通於四極。既知天下則遠通四極金心在中不可匿。金之為物彌精心之為用彌明故比心於金中苟有知金之心則徵見於外不可隱匿之也（通）聖人之心若鏡金心在中也外見於形容可知於顏色。其見於外或在形容或在顏色善氣迎人。親如弟兄。惡氣迎人。害於戈兵。不言之言聞於雷鼓。至道之君常言之言則人無不聞故同於雷鼓金心之形。明於日月。察於父母。金心無不耀無不知故明於日月察於父母知子無若於父母故以

言焉

昔者明王之愛天下，故天下可附；暴王之惡天下，故天下可離。故貨之不足以為愛，刑之不足以為惡。貨者愛之末也，刑者惡之末也。愛惡以為心本也，故貨刑為末也。

凡民之生也，必以正平。正平則能保全其生。所以失之者，必以喜樂哀怒。喜樂哀怒過常則失其主。節怒莫若樂，節樂莫若禮，樂主和，故能節怒。守禮莫若敬。禮者敬而已矣，故敬能守禮也。外敬而內靜者，必反其性。外敬則合禮，內靜則循察，故能反其性。豈無利事哉？我無利心。豈無安處哉？我無安心。亦既反性則忘其利安，雖有利事、安處，蔑不足貪也。心之中又有心。動亂之心中又有靜正之心也。

㊀通 心官思所以為思非心也其神乎心神舍也舍虛而神中居心之中又有心也即性宗是意以先言。意感而得言意然後形。意感其事然後呈形形然後思。有形則理可尋故思之也思然後知。思然後得理故能知也凡心之形過知失生是故內聚以為原。泉之不竭。內聚思慮則用之不窮猶泉之有源其可竭哉表裏遂通。泉之不涸。四支堅固。內和則外通表裏無擁故若泉之不涸而四支堅固也㊀通 長桑之上池黃庭之玉池道德之甘露還丹之金液意其不竭不涸之原泉與通假聚而後流也冋因虛而為凝也是以誠則明神攝

形能令用之。被服四固。但能用此道者則四支堅固被及其身也是故

聖人一言解之。上察於天。下察於地。解則無不通物故能窮於上下

白心第三十八

短語十二

演　一章總以因任隨天為道絕不談政術言言皆治人事天養生之經命曰白心心為真君天與人之交獨此曰神室白者虛白純白也天之所以遊道之所以集也陰符之觀天執天聖功

神明老子早服與天無極莊子天門開天光發

入於非人人見其人畸人合天都此道古至人

之所脩神人之所通術豈他乎哉一天而已矣

于管氏書爲鼎精于道藏爲羽翼大傅須功地

門裏堂上種種自旦暮印解然有得力不解人

但是夢語浪猜雖然秘藏也難言矣鬼神呵之

建當立凡所建必其當立者有爲以靖爲宗靜則思慮審爲建事之宗以

時爲寶建事非時雖盡善不成時爲事寶也以政爲儀政者所以節制其事故爲

儀和則能久又必當和同然後能久也非吾儀雖利不爲非吾

當雖利不行非吾道。雖利不取。凡此雖曰有利非吾儀也當也道也故皆不為之也上之隨天。其次隨人。所謂應天順人也人不倡不和。人倡而和事無不成也天不始不隨。後天而奉天時則舉無不違也故其言也不廢其事也不隨原始計實本其所生。知其象則索其形。謂君之出言人乃順而不廢其行事則有不隨若此者當原其初始計其理實尋本其所生則其象可知象既可知則其形可索也緣其理則知其情順理則情自見索其端則知其名。索端則名自形故苞物衆者莫大於天地。萬物共在天地之中物皆稟陰陽之氣然後化之也化物多者莫多於日月。日陽也月陰也民之所急莫急於水火。一日無水火則生理或有不全然而天不為一物枉其時。冬不為松栢不凋，殺其霜雪；夏不為薺麥枯死，止其雨露也。明君聖人亦不為一人枉其法。周公不以管蔡之親休其誅放也。天行其所行而萬物被其利。冬行霜雪，夏行雨露，故萬物利也。聖人亦行其所行而百姓被其利。行賞於善人，行罰於凶人，故天下清而百姓蒙利也。是故萬物均既誇眾矣。誇大也。天與聖人無私，故萬物均蒙其利，既大而且眾也。是以聖人之治也，靜身以待之。物至而名自治之。循名責實，則下無隱情，故理。正名自治之奇身名廢。奇謂邪不正，音飢。名正法備，則聖人無事。正名法備，則事無關滯，故聖人無事也。不可常居也。居必有時而變。不可廢舍也。廢舍則百度弛紊也㊣通二句邪無適無莫隨變斷事也。居變則不壅塞也知時以為度。事非其時則不成也大者寬小者局。寬則有餘局則不足物有所餘有所不足。以有餘補不足則事平理均也㊣演人身小天地五行四時息息相通故曰天之穿之日夜無降吾有待耶吾所待又有待者耶此中天地日月水火靜身以待物至自治知時以為度物有所餘有所不足皆微言也兵之出出於人。人為兵本其人入入於身。兵而有功入其賞賜必反於身兵之勝從於適。適和也所謂師克在和也德之來從於身。修身則德立也㊣通天道好還人心善反況于兵乎內兵志外兵五刃我以出人人反以入身故聖人戢兵而耀德兵從敵而勝德從身而来故曰祥於鬼者義於人義於人者則鬼祐之以福祥也兵不義不可兵不義而還自害故不可通不得已而用恬淡為上聖人之用兵也不失人心強而驕者損其強弱而驕者亟死亡違禮而驕無施而可弱而驕者則又其疾焉死之速不亦宜乎強而卑義信其強信音申弱而卑義免於罪通剛強者死之徒柔弱者生之徒是故驕之餘卑於驕有餘則卑弱弱則卑也卑之餘驕於卑有餘則驕強強則又驕道者一人用之不聞有餘[illegible]

明於一人天下行之不聞不足無不足於其人此謂道矣多少皆足者道也小取焉則小得福大取焉則大得福盡行之而天下服殊無取焉則民反其身不免於賊殊無取焉則動皆違道故人反背之而賊害也㊀通歸兵于道福服天下違道無取反身而賊所謂其人入入於身也左者出者也左為陽陽主生故為出也右者入者也右為陰陰主死故為入也㊀通左右陰陽生殺刑德之義也天傾地缺出入之象矣四時寒暑出入之紀矣始終終始得中之衷矣還人同反無戊歲衰循而已無已人而天地矣出者而不

四百四十二手

傷人。入者自傷也。出者既主生則不當傷人違而傷人是還自傷不日不月而事以從。但循道而往不計日月事已從而成也不卜不筮而謹知吉凶。順道則吉違道則凶豈須卜筮而知乎是謂寬乎形徒居而致名。守道者靜默而已故其身寬閑徒然而居能致令名去善之言為善之事。事成而顧反無名。若能去言善直能為善事其事之成顧反之者默然無名也。通去善言為善事不言而躬行反無名不自矜其能能者無名從事無事。深能其事者必不求名然其從事安然閒暇若無事然也。通二語吾善能不求名善事不累事審量出入而觀物所載。謂凡出入命令當觀物載之所堪然後當量而出之也孰能法無法乎始無始乎終無終乎弱無弱乎。凡此皆謂為而忘之者也。故曰美哉岪岪。岪岪與起貌，謂能為而不為，有契於道如此，則功美日興，故曰美哉岪岪。故曰有中有中。舉事雖得其中而不為中，乃是有中也。孰能得夫中之衷乎。得於中之揞折中者，其唯忘中乎。

通 上言審量出入此中道也。中有而若無，故法無法，無始無終，無終弱無弱，所謂中之衷也。以衷守中，故成而不居。安有極之反、滿之虧哉。故曰功成者隳，名成者虧。故曰孰能棄名與功而還與衆人同。君棄功名，則與衆不異，同於物者，誰能害之也。孰能棄功與名而還反無成。棄功名則無所成名。無成有貴其成也能貴無成乃是成也有成貴其無成也若其貴成乃是無成（通）未有成為之貴成及其成反于無成故功成而不居是以不去無生有有入無道玄之又玄

日極則仄月滿則虧極之徒仄滿之徒虧巨之徒滅謂能立大功也（通）自大者無功自卑而人敬尊故巨者為滅如日月之紀孰能已無已乎效夫天地之紀天地忘形者也能效天地者其唯忘已乎

人言善亦勿聽人言惡亦勿聽聲之不勸非之不沮持而待之空然勿兩之淑然自清但慨心而待則淑然和無善惡自清也（通）濁以靜徐清至人用心若鏡

也。道在虛一，無以旁言為事成，察而徵之，無聽辯，（不以旁譽之言以為事成功，無聽其利口之辯言悅之也。）萬物歸之，美惡乃自見。（萬物之歸，當順而容之，其美之與惡，終自顯見也。）天或維之，地或載之。天莫之維，則天以墜矣；地莫之載，則地以沈矣。夫天不墜，地不沈，夫或維而載之也夫！（天張於上，地載於下，自古及今而不沈墜者，必有神靈維載之故。）又況於人？人有治之，辟之若夫靁鼓之動也。（必有以而動也。〔通〕莊子天其運乎語相發也。或之曰：有無曰無有，此何以靁鼓乎？吾得之自然。）夫不能自搖者，人或擔之。（無識之物，皆不能自搖，有時而動，則物搖

雄曰：使或者指言或搖之數，言天地尚有所以維載之者，況人豈無治之者，故問治之者歟。下遂詳無為無其之妙，而口耳目手足本之法非

之也。㊣通 帝出乎震，歸性復命，成始成終。夫或者何若。然者也。風有時搖動，誰使然也。視則不見，聽則不聞。謂風灑乎天下。蕭乎。風之灑散，蕭天下也。不見其塞。風無壅塞時也。集於顏色。寒者遇風則色慘，熱者遇之則清也。知於肌膚。雖肌膚能覺風。責其往來莫知其時。責問其往來，則不得正時。薄乎其方也。謂遇方則為方。轉乎其圜也。轉復貌，謂遇圓則為圓也。轉轉乎莫得其門。雖復圜轉，終不見其門也。故口為聲也，耳為聽也，目有視也，手有指也，足有履也。事物有所比也。今夫口手目足，各有其在，非徒然也，必精神之比。夫事物之動搖，則風使之然，然求風則不得，語神焉不見之也。㊣演 或之為言至妙[illegible]

天生地生人天地且不能違而况人乎妙于有妙于無以濟以寧以靈太極也或維或載或搖太極本無極也不見不聞灑滿天下無而有矣顏色肌膚往來莫知時有又無矣有無合一聽之于或故以乍方乍圓而五體萬事物各自司其用我無為焉矣此謂若然若然者自然也將名之神名之氣不得强而名之曰道○天維地載一段言至微功至微老之橐籥莊之扶搖孟之直養當生者生當死者死○或死或生亦神為之主言有西有東各死其鄉○雖其所居

有東西之異至於各死其鄉則無不均也置常立儀能守貞乎人人理則置之中四、五十

常法立之儀則而勿失者可謂正乎常事通道能官人乎有能守其常事隨時

變通不違於道如此者可以官於人故書其惡者言其薄者上聖之

人聖通也既設法以教之立官以主之猶有惡薄而不化者則書而陳之居上者然後化而通之口無虛習也手無虛指也物至而命之口之習也手之

趣○耳不發
病上句為是

指也終不徒然必以事物之至或以手指之或以口命之耳發於名聲凝於體

色此其可諭者也名聲之至耳聽之內流於心外凝結於體色如此者性之敏惠

故可以德義告諭也不發於名聲不凝於體色此其不可諭

者也不發不凝所謂頑鄙者也故不可告諭也

演有可諭有不可諭常

儀常事能守能官能非其至也可書與言皆其粃
鬼惡薄也上聖之人惡以言哉死者為生乎生者
為死乎死生有鄉而無鄉神矣微乎故有可因者
口手之至于物則神命之耳所謂發名聲疑體色
者也大匠之規矩而巧不諭也然而諭不存不諭
不亡懸以待人存亦可亡亦可人亦自具兩至之
至千百世而聖同旦暮而知解何待頤問哉善濟
者水自和善宜者神自祥舟筏所濟而非所以濟
也無違而若有適彼其妙于適之神乎渡舍筏行

遺履直而往耳彼之解衆之不解也而解衆之不解然後明觽之利至則至人獨解故遺諭教矣遺諭不可諭而過則相視而咲莫逆于心人也安知其咲之莫逆哉見堯于羹見文于琹至于至常自至無曰與其人往矣吾有不亡者存及至於至者

教存可也教亡可也（謂人可誘令至於所欲至如此者存亡教故教存亦可教亡亦可也）故曰濟於舟者和於水矣（水和靜無有波浪則能濟舟義）於人者祥其神矣（與人理相宜則神與之福祥也）事有適而無適（事雖有所適可常者若無適然）若有適觽解不可解而後解（雖時有適）

潛默周密人莫知其由然結必待鑴而後解鑴所以解結也故善舉事者國人莫知其解周密若結故不能知其解為善乎毋提提為不善乎將陷於刑提提謂有所揚舉也欲為善乎則人以我謙退無所舉欲為不善又恐陷於刑罰也善不善取信而止矣善與不善足以為物所信則止矣此言可以為善不信善之取也若左若右正中而已矣縣乎日月無已也左陽謂善也右陰謂不善也言處陰陽之中得其正而止若能常得中則名與日月俱懸而無已時也愕愕者不以天下為憂愕愕守正者忘天下故不憂也剌剌者不以萬物為策剌剌操求自謂智謀之士能忘智當操求物理而經營切為策也(通)

忘天下于天下因物付物故有愕愕之廣無剌剌

之切刺刺物有刺心也為筴因物以應筴我無心

也。孰能弃刺刺而為愕愕乎。智者勞而失惠忘德者佚而歸之也難

言憲術須同而出。凡為法術必重難須同衆心然後出之矣（演）天地覆

墜不以易吾事同歸一致天下何思慮知者失之

謀者敗之去知遺謀成然人已交適內固一而外

同出可以盡年可以應王無益言無損言近可以

免。損益之事當潛而為之又曰何謀此慎密之至（通）難言憲術同出即下

論而用也人君陳憲布法必以難慎之心言而議

之詢謀僉同而後出出而一定無益無損可免于

更張矣近庶也故曰知何知乎謀何謀乎雖知之常曰何知雖謀之常曰何謀此慎容之至審而出者彼自來審而出者必同於彼故自來自知曰稽自知則能考彼矣知人曰濟知人則能可以濟同不以和濟同也通自知乃知人稽乃濟知苟適可為天下周自知能稽知人能濟所謂道也若此可為天下之周慎也內固之一可為長久適可以知內自固之則長久論而用之可以為天下王既固於心度時論用如此可以為天下王天之視而精既可王天下則於天道故視天能精之也四璧而知請四璧周禮所謂四珪有邸者也祭天所奠以也同邸於璧故曰四璧既能知天則祭以四璧而祈請其福祥也壤土而與生天既降福故壤土為之生百穀也能若

夫風與波乎唯其所欲適風動波應大小唯所欲適天地之應聖人亦猶是也故子而代其父曰義也臣而代其君曰篡也臣代於君必是篡奪而取也篡何能歌武王是也武王以臣代君則非篡也謂之篡之豈能使紂之衆前歌後舞乎則武王以臣代君於理是也故曰孰能去辯與巧而還與衆人同道武王伐紂所以不為篡者則以紂恃其辯巧以自異於物逆天絕理毒流四海故也向能去其辯巧與衆同道何武王之敢窺哉雖欲代之故得篡名通天於務而視精能知請能與生知以與無知與以無與風蓬水湧莫知然而然扶搖朝宗其所適如是自如是而已矣常曰父子世變曰君臣革革之順天

應人大矣哉物運之自然其皆不可知乎不可辯巧謀乎同道于衆合道于天曰吾何以知道之不背人哉以天故曰思索精者明益衰德行修者王道狹。思索太精則矜名故王道狹也名利者寫生危。卧猶息也寫猶除也能息名利則除身之危

通明牖于思太精則神苦而衰王道本于行太脩則德孤而狹名利生之所不得免也而不可久狗也宿而卧則盡于物而危于生寫盡也下數句皆申承上意知周於六合之內者吾知生之有為阻也。周其智於六合則神傷竭其於其生有阻離也持而滿之

乃其殆也。持滿者善覆，故危也。名滿於天下，不若其已也。名溢於天下則花傷而實衰。名進而身退，天之道也。未有能名身俱進者。滿盛之國，不可以仕任。滿盛則敗亡，故不可任其仕也。滿盛之家，不可以嫁子。嫁子於滿盛之家，則與之俱亡。驕倨傲暴之人，不可與交。交於驕暴，則危亡及己也。道之大如天，無不覆也。其廣如地，無不載也。其重如石，萬人之力不能舉也。其輕如羽。一人載之不為重。

(通)如天如地如石如羽，所謂變動不居，周流六虛，其為道屢遷，民之所以知者寡。故曰：何道之近而莫之與能服也。服，行也。棄近而就遠，何以費力也。道近在身，不能求之。

於已而望之於人終無得時故曰費力也故曰欲愛吾身先知吾情已情則能自保其身君親六合以考內身通六合之種一考之於身身皆備之則何須弃身而遠之也㊣即克已復禮歸仁修其身而天下平以此知象乃知行情於身知象乃知可行之情既知行情乃知養生知行情則不違理不違理則生全故曰乃知養生㊣情身之象也身天下之象也慧以知情而後恬以行情乃知養生莊子曰以恬養知知養恬左右前後周而後所行身之道或從左右或從前後行之既周還復本所也執儀服象敬迎來者執常儀行常象將来可行之理敬而迎之令夫來者必道其道上道從也將來

（之理必道而來從也）演何周乎復乎何來乎有來者有所為來者來者吾敬儀象以迎而所來自各道其道若有為使而莫得其朕左右前後以時也時乎時乎時行物生而天道周而復矣吾何以迎天曰敬無還無衍命乃長久（理既從道而來但遵而行之無還移無寬衍動而為之則命久長也）和以反中形性相保（事既安和反歸中理如此則形全性順故能相保也）一以無貳是謂知道將欲服之必一其端而固其所守（周守則道自行）演還情動而移也衍情引而湧也命末貞一搖于情則不固必無還衍而已發之和反

于未發之中則情歸于道形保于性命乃長久道之一而無貳者無還無衍之謂故曰得一為天下貞責其往來莫知其時若責生之往来則期不定索之於天與之為期求性命之理於天則期時可知也不失其期乃能得之既不失期則性命之理得也

演一其端固其守無還無衍時以天期也不失其期乃能得之敵迎來者必道其道也一可為也時不可為也守可為以待不可為之自合于為舍二何以哉一則天二則人天無時不通人而人自隔之也故人日夜人須自塞其竇

故曰吾語若大明之又也大明相謂天也大明之明非

愛人不予也愛惜也非有所隱惜於大而不與之也同則相從反則

相距也與天同則從反則距也吾察反相距吾以故知古從

之同也察今反則有距故知古之從著以其同也㴪昧道謂之不明知

道謂之大明大明天明也吾無自用明而以從天

之明者也是以人而同天也同而從其一乎古之

人樸而一令之人黠而二是以古知不神之為神

而令以神之為不神也故曰聖人不能違時不失

時〇天下之萬物皆無之生乎有又有之入于無

两者同出而異名道無也身有也道不可有知身不可以無知相終始稠生成相來往未來如有道既來如有蓧蓧與道二而非二也一之而已矣唯一能時唯時能天唯天能道宇宙入乎手萬化生乎身知此謂之大明大明有知無知也從之耳同之耳同則一

評 白心是道中神物妙門文亦是管子妙諸神品書中如此者不數白心即金心素心胸中純白是也純白而後神靈通此必有本之

言古奥權奇疑非　之作春秋戰國未曾見

此等文字

管子權卷第十四

唐司空房　玄齡　註
明道民朱　長春　權

水地第三十九

短語十三

（評）管子書全篇大文字甚少有則韓非呂攬之下流也獨水地奇奇恠恠戰國古文之尤莊子

馬蹄諸篇是論體有迹可尋蘇秦六說慱辨猶在方之内此絶不似人間所有然寬衍直置只如疏義爾雅排骨而無縩筋實有餘而虛不足是玄慱巧心之士非大文人手○水地是志體故與他文不同然貨殖頗相類却有大將建旗揮攉手段又有變陣奇正韜畧

(評)曰管子以之管子則之明非管子著篇篇中亦只二語借名耳他都不涉才人立題自發其奇而附之書者

（評）水地絕奇百氏自此後存者莊子一考工二管子三如此篇便直與莊配郊但有天人之分耳莊言風大奇猶數行考工敘一物一品而博比變化未有此汎濫如百谷注海然極變致而無持議所以不如逍遥齊物

地者萬物之本原諸生之根菀也。菀圓滅也美惡賢不肖愚俊之所生也。謂生於地水者地之血氣，如筋脉之流通者也。水言財美具備其潤澤若氣以支持於地若筋分流地上若脉也故曰水具材也。言水材美具備何以知其然也。曰夫水淖弱以清而好灑人之惡。仁也。淖和也惡垢穢也視之黑而白。精也。視其色雖黑及揮揚之則白如此者精也量之不可使概。至滿而止。正也。以意量之則多少不可以概注於器滿則止不可加剩如此者正也唯無不流。至平而止。義也。方圓邪曲無所不流平則止不可增高如此者義也人皆赴高。己獨赴下。卑也。卑也者。道之室。王者之器也。道以卑為室王以卑為器也而水以為都居。都聚也水聚居於下卑也準也者。五量之宗也。水可為平準五量取則焉故為五量之宗也素也者。五色之質也。無色謂之素水雖無色五色不得不成故為五色質也淡也者。五味之中也。無味謂之淡水雖無五味不得不平也故為五味中也是以水者萬物之準也。（萬物取平焉故曰準也）諸生之淡也。（淡濟諸生以適中故曰淡也）違非得失之質也。（得亦自水生焉失亦自水生焉故為得失之質）是以無不滿無不居也。集於天地。（而從天降而亦有河漢故水集於天地）而藏於萬物。（動植之物皆含液也）產於金石。（棟金於水山石之穴或有溜泉焉）集於諸生。（諸含生類皆得水而長之）故曰水神。（莫不有水焉不知其所故謂之神也）集於草木根得其度。（得其生之度）華得其數。（得其榮落之數）實得其量。（得其生熟之量）鳥獸得之形體肥大羽毛豐茂文理明者萬物莫不盡其幾。（幾謂從無以適有也）反其常者。（常謂長育之常數也）水之內度適也。（內度謂潛潤之度也）夫玉之所貴者九德出焉夫玉溫潤以澤仁也鄰以理者知也鄰近也玉文相遴近理各自通知此知也堅而不蹙義也蹙歷聚也如此義也廉而不劌行也鮮而不垢潔也折而不撓勇也瑕適皆見精也瑕適玉病也以其精神故不掩瑕適茂華光澤並通而不相陵容也叩之其音清摶徹遠純而不殺辭也象古君子之辭也是以人主貴之藏以為寶剖以為符瑞九德出焉人主所以寶而藏之為符瑞九德之故

㊃六入玉人龜龍蟜慶忌莊子自以為洸洋謬悠連犿參差殆不至此不至此乃以為莊子人水也男女精氣合而水

流形。陰陽交感流布成形也三月如咀。咀者何。曰五味。五味者何。咀咀口和嚼之謂三月之胚渾初凝發口所嚼食也曰五藏。五味出於五藏後也

㊀通未有五藏之形而咀中五味已具五藏之精酸主脾。鹹鹵主肺。辛主腎。苦主肝。甘主心。五藏已具而後生肉。脾生隔。隔在脾上也肺生骨。腎生腦。肝生革。革皮膂也心生肉。㊀通五藏所主與內經及他書都不同鬲腦二藏是創言五肉已具而後發為九竅。脾發為鼻。肝發為目。腎發為耳。肺發為竅。五月而成。十月而生。生而目視耳聽心慮。目之所以視。非特山陵

也○按此言水之精粗濁蹇能存而不能亡者生人與王注但非

之見也察於荒忽耳之所聽非特雷鼓之聞也察於淑湫心之所慮非特知於麤麤也察於微眇故修要之精（言精思是理修要妙之精也）是以水集於玉而九德出焉凝蹇而為人（蹇停也言精液凝停則為人也）而九竅五慮出焉（五慮謂耳目鼻口心也）此乃其精也（九竅五慮是身之精）精麤濁蹇能存而不能亡者也（謂人之稟氣麤濁而蹇但能存而不能亡也）伏闇能存而能亡者蓍龜與龍是也（言龜龍稟氣微眇悠遠而晴冥故能存亡而為變化也）龜生於水發之於火（謂卜者以火鑽灼之）於是為萬物先為禍福正（謂龜得水火之靈故先知於萬物識禍福之正也）龍生

於水被五色而游，故神（得水不測之靈故神）。欲小則化如蠶蠋（蠋，蠶中蟲），欲大則藏於天下（言能隱覆天下），欲尚則凌於雲氣（尚，上也），欲下則入於深泉，變化無日（隨時而變，不期於自），上下無時，謂之神。龜與龍伏闇能存而能亡者也。或世見（謂下谷不徙水不絕之地），或世不見者（謂涸川水有涸而絕），生蟡與慶忌（世見生慶忌，世不見生蟡也）。故涸澤數百歲，谷之不徙、水之不絕者，生慶忌（謂涸澤中有谷有水，谷不徙而水不絕也）。慶忌者，其狀若人，其長四寸，衣黃衣，冠黃冠，戴黃蓋，乘小馬，好疾馳，以其名呼之，可使千里外一日反報。此涸

十四·十五

澤之精也。涸川之精者，生於蟡。蟡者，一頭而兩身，其形若蛇，其長八尺，以其名呼之，可以取魚鼈，此涸川水之精也。是以水之精麤濁蹇，能存而不能亡者，生人與玉；伏闇能存而能亡者，蓍龜與龍。或世見或不見者，蟡與慶忌。故人皆服之，（謂服用水）而管子則之。（言管子獨能知水法則也）人皆有之，（莫不有水）而管子以之。（以，用也。言管子獨能用水也）是故具者何也？水是也。（言水無理不具也）萬物莫不以生，（得水以生）唯知其託者能為之正。具者，水是也。（託，依也。能知水一理之所依者，能巧於萬物，故理之具者水也）

(通)水具而

生管子託水為正亦具而生由取法材具之水也

故曰水者何也萬物之本原也諸生之宗室也美惡賢不肖愚俊之所產也何以知其然也（評）以水合地應首又起下諸國之水此脉絡也大奇夫齊之水道躁而復故其民貪麤而好勇以水道迴復故令人貪以其躁速故令人麤勇也楚之水淖弱而清故其民輕果而賊以其淖弱故輕佚清則明察故人果賊也越之水濁重而洎故其民愚疾而垢洎浸也濁重故愚浸則多所漸入故疾垢也秦之水泔㝡而稽淤滯而雜最絕也稽停留也謂秦水絕甘而味停留又泥淤泥滯與水相雜也故其

民貪戾罔而好事以其泔而稽故貪戾以其滯雜故誣而好事齊晉之水枯旱而運淤滯而襍齊晉謂齊之西而晉之東枯旱謂其水慘澁而無光也故其民諂諛葆詐巧佞而好利以其運故謟諛以其枯旱故葆詐以其淤雜故巧佞而好利燕之水萃下而弱沈滯而襍故其民愚戇而好貞輕疾而易死沈故愚戇而好貞萃襍故輕疾而易死也宋之水輕勁而清故其民閒易而好正輕故易清勁故好正是以聖人之化世也其解在水言解人之邪正嘗水而知(通)其解即其說也故水一則人心正一謂不雜水清則民心易一則欲不污人心既一故欲不污穢民心易則行無邪

易直則無邪也是以聖人之治於世也，未人告也，未戶說也。其樞在水。樞主運轉者也，言欲轉化於人，但則水之理，故曰其樞在水也

四時第四十

短語十四

評 古列國每月告朔而頒于民，則并以月正時令布憲，以下相民而上應天，故小正、幼官、四時、月令，皆王公所重。後世一務于刑政，而君與天民絕不通，上無裁贊，下無左右，而國多祲眚，民乃夭札厲疾，不遂其生矣。于是歲時風土田家

五行四民月令紛紛作于下以自救也其至則
陰符丈記規中衛生歌起居法則聖人神道之
設精之可以采真粗之亦不失盡年
管子曰令有時。王者命令必有其時無時向則必視順天之
所以來。視謂觀而察之若不得時則必觀察其所致政華以順天道之来也五漫漫
六惛惛孰知之哉。漫漫曠遠貌惛惛微暗貌五謂無時之政其理曠遠六謂陰陽
四時其理微暗既漫且惛故知之者少也㊟五運六氣湯湯惛惛天地
家移孰測之故有時無時唯聖来知令焉唯聖人
知四時。不知四時乃失國之基不知五穀之故國

家乃路路謂失其常居也故天曰信明地曰信聖言能信順天地之道則而行之者曰明曰聖也四時曰正順行四時之令曰正也其王信明聖其臣乃正君明聖則能用賢材故聖也（通）四時效官于天地者而天地所以能官四時以其信也天縣象為明地產育為聖記曰產萬物者聖也二氣推遷日往月來南至短北至長三五盈三五闕信明矣九丘奠阜百昌彙生山有材澤有菹上田麥下田稻信聖矣天宣其氣地清其形天發其光地宜其產布五行於四時和而後物生也天地信四時亦信信

故四時正而天地常得其正也天地君象時臣象君無為臣有為君職常臣職順何以知其王之信明信聖也。曰慎使能而善聽信之。謂能聽信賢材之人使能之謂明。使任賢能則為明也聽信之謂聖。既聽其言又信其事所以為聖信明聖者皆受天賞。信明者天福也使不能為惛。既使不能所以為惛惛而忘也者皆受天禍。惛忘則動皆違理故受天殃也是故上見成事而貴功。則民事接勞而不謀。謂君見下有成則能貴賞其功是上能以恩接人事故雖下勞不謀上報其事也上見功而賤。則為人下者直。恃其功勞故肆直也為人上者驕。不恤下功則以驕悖故也是故陰陽者天地之大理也。天地用陰陽為生成四時者陰陽之大經也。陰陽更用於四時之間為緯也刑德者四時之合也。德合於春夏刑合於秋冬刑德合於時則生福詭則生禍然則春夏秋冬將何行東方曰星。東方陰陽之氣和雜之時故為星星亦不定於陰陽也

(通)星日生也春主生其時曰春。春蠢也時物蠢蠢而生也其氣曰風。陽動而陰寒為風也風生木與骨。木為風而發暢骨亦木之類也其德喜嬴而發出節。出生也言春德喜悅長嬴為發生之節也時。句其德其事與下一例其事號令修除神位謹禱弊梗。梗塞也時方開通而有斃敗梗塞者則禱神以通道之宗正陽。春陽事故以正陽為宗治隄

防（夏多水潦故於春預修隄防）耕芸樹藝正津梁（謂正橋梁也）修溝瀆甃屋行水（甃者使之行水也修屋壞時方溉灌依次行而用）解怨赦罪通四方（凡此皆助發生之氣）然則柔風甘雨乃至（柔和也）百姓乃壽百蟲乃蕃此謂星德（星以和為德也）星者掌發為風（掌主也主以風發生）是故春行冬政則雕（肅殺之氣乘之故雕落也）行秋政則霜（秋霜降時也）行夏政則欲是故春三月以甲乙之日發五政（甲乙統春之三時也）一政曰論幼孤舍有罪二政曰賦爵列授祿位（列次也）三政曰凍解修溝瀆復亡人（人之逃亡者還復之）四政曰端險阻（路有險阻理之使端平也）修封

疆正千伯（千伯即阡陌也）五政曰無殺麑夭毋蹇華絶芋（蹇拔也芋之屬其根經冬不死不絕之也）㊣通 芋作芊草生貌 五政苟時春雨乃來 ㊣通 五政按孟仲季三月分五候出五政每政一十八日終之天時初中末而以政應之所謂順天之所以來合於時則生福也非漫叙不次知者精以治身緒以治國

南方曰日（南方太陽故為日也）其時曰夏（夏假也謂時物皆假大也）其氣曰陽（夏之陽氣也）陽生火與氣（陽為鬱熱歊蒸故為火氣也）其德施舍修樂（施舍謂施爵祿舍逋罪修樂謂作樂以修輔也）其事號令賞賜賦爵受祿順鄉（順鄉謂不違土俗之宜也）

謹修神祀。量功賞賢。以動陽氣。陽氣主仁故行恩賞以助之也九暑乃至。九暑謂九夏之暑也時雨乃降。五穀百果乃登。此謂日德。日以照育為德也中央曰土。土位在中央而寄王於六月承火之後以土火之子故也而統於夏所以與火同章也土德實輔四時入出。土在四時之季與之入出以風雨節土益力。土德而遍益其生植之力土生皮肌膚。土所生木實成皮與肌膚其德和平用均。土無不載無不生故和而用均也中正無私。位居中正無偏私實輔四時。春嬴育。夏養長。秋聚收。冬閉藏。言上之四時皆土之所輔成也大寒乃極。國家乃昌。四方乃服。言土輔四時使均成然後寒極而成歲國昌民服此謂歲德。言土能成歲之德也日掌賞賞為暑得賞則熱熱故為暑歲掌和和為雨和則陰陽交故為雨夏行春政則風風主春故行秋政則水行冬政則落霜氣肅殺故凋落也是故夏三月以丙丁之日發五政一政曰求有功發勞力者而舉之二政曰開久墳久墳瘞之處開通之也發故屋辟故窌以假貸辟開也三政曰令禁扇去笠禁扇去笠者不欲令人宗盛陽之氣毋扱免禁扱社免祖者亦不欲人惡盛陽之氣也除急漏田廬田中之廬欲漏之不欲人惡盛陽之氣也通禁扇笠無扱免止中時非通三月行之蓋處必掩身候與方時雨壯居惡其漏而濕田惡其漏而傷稼

四政曰求有德賜布施於民者而賞之。五政曰令禁置設禽獸。謂設置以取禽獸也毋殺飛鳥。五政苟時夏雨乃至也。西方曰辰。辰星月交會也秋陰陽適中故為辰㊣明于天曰星不明處曰辰星陽辰陰辰陰星春辰秋其時曰秋。秋揫也時物成熟揫斂之其氣曰陰。秋之氣也陰生金與甲。陰氣凝結堅實故生金為爪甲也其德憂哀靜正嚴順。秋氣悽惻故以憂恤哀憐為德靜正陰之性也嚴順謂德雖嚴然順時而為之也居不敢淫佚。順秋氣而靜居不敢為淫佚過失也其事號令。毋使民淫暴。順旅聚收。謂順時理軍旅聚而收之也㊣旅即聚也下曰順旅農埶幹衆懃于穡斂之務量民資以畜聚賞彼羣幹衆有武幹人當賞之聚彼羣材材謂可以充兵罷之材當收聚之百物乃收使民毋怠時云收歛出師故聚裝人無擑怠所惡其察所欲必得察所惡之方而伐之則得其所欲也我信則克我既誠信故能克敵㊀通秋令肅曰時察守義察其所惡必得其所欲義蓋以輔仁也非誠信行之不克信實也春敷華秋成實此謂辰德辰以收歛殺姦邪為德也辰掌收收為陰收聚冬閉藏故為陰秋行春政則榮春發榮也行夏政則水夏多行水潦也行冬政則耗冬肅殺損耗也是故秋三月以庚辛之日發五政一政曰禁博塞博塞長姦邪故禁之圍

小辯鬭譯跽小辯則利口覆國及譯傳言語相疾忌為鬭訟者皆當禁圍之也二政曰毋見五兵之刃時或出師掩襲故藏五兵之刃也通糴德不觀兵兵不戢自焚聖王不得已而用之也故毋見五兵之刃三政曰慎旅農趣聚收四政曰補缺塞坼師旅營農當慎收之秋方閉藏故令補缺塞坼也五政曰修牆垣周門閭亦所以助閉藏之氣五政苟時五穀皆入北方曰月北方太陰故為月也其時曰冬冬中也言藏收萬物於中也其氣曰寒冬之寒氣也寒生水與血寒釋則水流血亦水之類其德淳越溫怒周密冬時花葉凋落唯根幹存焉故以淳質為德越散也冬既隕藏時則入於燥薺故令散施為德雖後陰怒當鄭

（之以溫凋密者衆陰之閉藏也）其事號令修禁徙民令靜止（時方休息故禁人私徙令為靜止也）地乃不泄（冬令行故地不泄也）斷刑致罰無赦有罪以符陰氣（陰氣主殺故斷刑致罪以符之）大寒乃至甲兵乃強五穀乃熟國家乃昌四方乃備此謂月德（月以閉藏罰罪為德也）月掌罰罰為寒（罰則殺物故為寒也）冬行春政則泄（春陽氣發泄也）行夏政則雷（夏雷雹行）行秋政則旱（謂冬氣旱早也）是故冬三月以壬癸之日發五政一政曰論孤獨恤長老二政曰善順陰修神祀賦爵祿授備位三政曰效會計毋發山川之藏（山藏謂銅銀之屬藏在山者川藏謂珠玉之屬）

藏在川者也四政曰捕姦遁得盜賊者有賞五政曰禁遷徙止流民圉分異分異謂離居者五政苟時冬事不過所求必得所惡必伏是故春凋秋榮冬雷夏有霜雪此皆氣之賊也氣反時則為賊害也刑德易節失次則賊氣遬至賊氣遬至則國多菑殃是故聖王務時而寄政焉謂順時而立政作教而寄武因教而習武也作祀而寄德焉謂設祭以顯德則神歆也此三者聖王所以合於天地之行也天地之行唯此三者而已日掌陽月掌陰星掌和陽為德陰為刑和為事是故日食則失德之國惡之月食則

失刑之國惡之。彗星見則失和之國惡之。失則當受罰故其所失各以其所類而與惡也風與日爭明則失生之國惡之日惡風且熱旱災成矣方生之物皆枯悴矣此伐生德也然失生之國惡也是故聖王日食則修德，月食則修刑，彗星見則修和，風與日爭明則修生。此四者，聖王所以免於天地之誅也。信能行之，五穀蕃息，六畜殖，而甲兵强。治積則昌，暴虐積則亡。道生天地，道者自然能生天地也德出賢人。德者賢人所修為故能生賢也道生德，法道則成德也德生正，德修則理自正正生事。正直則事幹是以聖王治天下，窮則反，終則始。德始於春長於夏，刑始於秋，流於冬。謂刑於冬而休息也。刑德不失，四時如一。皆順時而成，故如一。刑德離鄉，時乃逆行。鄉，方也。作事不成，必有大殃。月有三政，月三旬，政異，故曰三政也。王事必理，以為久長。王者行事必順三政之理，然後可以長久。不中者死，失理者亡。中猶合也。不合三政者，則無違失其理，必敗亡。國有四時，固執王事，固執四時之政，以輔行王事。四守有所，謂守四時，令得其所。三政執輔。執月三之政，輔行己德也。

五行第四十一

短語十五

評幼官四時五行三篇皆小政之演王者時政之餘其言幼官贍而宕五行嚴而精都間用奇似勝呂攬呂攬大而詳為正耳○立天之道以定人也精治身緒為國故先言道後言政

評五行篇前文如冒叙指天人合發之數文辭玄簡不易軽釋内經陰符不如也後五列列令官敘授之脩獵而不精然多奇文爾雅之流意其逸古傳耶太史公次六家陰陽無業籍合自小正以來至呂攬可彙為一家書而後世五行

歲時等祔之亦一業也

一者本也。本農桒也二者罷也。器所以理農桒之具也三者充也。充謂人力能稱本與器也治者四也。人既務本設治以理之也教者五也。人既奉法則以禮義教之守者六也。人既奉法從教則設官以守之立者七也。既設官以守之則能立事前者八也。既能立功立事可與前王比隆

㊣通萬物本乎天一者本也形而下為之器二者罷也人並立而為三塞乎天地之間三者充也　天地生人人贊天地三才建而後治教守立焉前終王道之始終也上七行稽古聖為前垂後王為終終者九也。既能與前

（王比隆可謂王道之終也）十者然後具五官於六府也。（立五行之官分掌六府也）五聲於六律也。（謂播五聲於六律也）六月日至。（陽生至六為夏至，陰生至六為冬至）是故人有六多。（陽至六為純陽之多也，陰至六為純陰之多也，稟陰陽之純以生，故曰人有六多）六多所以衡天地也。（衡猶陰陽多也）㊣衡往來之塗六多曰至南北二陸往來之衡天衡也即黃赤黑三道天道以九制。（九老陽之數以老陽制天所以君長之也）地理以八制。（八少陰之數以少制地欲以生息也）人道以六制。（六者兼三才之數人稟天地陰陽之氣以生故以制人）㊣天積陽地積陰陽饒陰之陽動而變陰靜而常天九制老之變也地八制少之不變也陽可過陰不可過也人履地而戴天負陰而抱陽靜為體動為用故制六言陰中之陽靜生動地法天也故天有九重地有八方人有六腑以應六運六律六味以天為父以地為母以開乎萬物。父母開通以生萬物以總一統。總持其本以統萬物也以通乎九制六府三充而為明天子。言能總一統九制已下可謂明天子

(通)此道妙之要苴蓖治之至也通與下通陽通陰通道照應九六三皆徵詞修槩水上以待乎天堇

(通)堇屬下為句　堇誠也言天子能以中王自修以槩自平上待天誠也　反五

藏以視不親（又親反察於五藏以視知何者不親也）治祀之下以觀地位（理於祭祀之時於其所祭之下觀知地位之尊卑也）貨曎神廬（通）曎曰日次是日所集纒貨物也物集神廬此不易言神合精氣為三而一合於精氣（神廬謂廟祠也日所次隅曰曎言祭神廬之時或鷹琭貨雖已奠於地復以日次隅之所以為精祥也如此者所以招令鬼神精氣之道也）

（演）黃庭云神廬之中精氣荇斯之謂與造化之元曰天地水水天一之生也下于地上于天又歸于地然後天地通精氣合五行有常經十二律有合聲而人情得萬物極斯有德而通通道矣通者人合

天也故天地合德日月合明四時合序鬼神合吉
凶是以其鬼不祟其神不靈筮卜何假哉黃帝道
之祖也道無為而天下治故上言其道下言其治
此中曰脩槩水上待天曰反視五藏不親曰治祀
下觀地位所以為神廬之合玄矣微矣內者精以
為緒外者不知已合而有常。神既合聚而饗祐則風雨得其常也有
常而有經。風雨有常百貨成而常經不失也審合其聲修十二鐘
以律人情。不失其經則應績感通故可審合理世之聲以成安樂之音然後十二鐘以推
其音音之高下皆法人情律法也人情已得萬物有極然後有德

得人情則物理極於物理可謂有德也故通乎陽氣所以事天也經緯日月用之於民天氣以積陽成德故通陽氣然後能事天又經緯日月之時候使人用之也通乎陰氣所以事地也經緯星曆以視其離地以積陰成體故通陰氣然後能事地又經緯星曆之節氣視知其離絕也通若道然後有行言能通上陰陽天地之道然後所行不失也然則神筮不靈神龜不卜既通天地之道則所行無不當故龜筮不能為卜兆黃帝澤參治之至也黃帝雖通天地之道不使參問曰澤以得萬靈之情可謂理之至也演天積陽陽主動動者之生地積陰陰主靜靜者之死一曰一夜一作一息死生異焉動靜分焉離合在焉

推之月如是歲如是歲月日時人天合符人而神通之矣至誠前知卜筮云乎哉此理陰符參同契之要歸元于易不知易不知天地不知神陰符黃帝之遺書也

昔者黃帝得蚩尤而明於天道。得大常而察於地利。得奢龍而辨於東方。得祝融而辯於南方。得大封而辯於西方。得后土而辯於北方。黃帝得六相而天地治。神明至。蚩尤明乎天道。故使為當時。謂知天時之所當也 大常察乎地利。故使為廩者廩給也謂開廩以給人也 奢龍辯乎東方。故使為土師土師即司空也

祝融辯乎南方故使爲司徒。謂主徒衆使務農也大封辯於

西方。故使爲司馬。主兵馬以出征后土辯乎北方。故使爲

李。李獄官也取使象水之平也是故春者土師也。夏者司徒也

秋者司馬也。冬者李也。〔演〕布五行于四時黄帝所

以得六相而天地治也即四時而天地分天地合

大之一歲小之一日人無息不通天地不具四時

故曰黄帝接萬靈于明廷此與神通之驗矣後言

道者祖之昔者黄帝以其緩急作五聲調政理之緩急作五

聲也〔通〕緩急陰陽之數也陽緩陰急分布四時而五

行周焉五聲生于五行揔出二氣故曰緩急作五聲言五本于二也以政五鍾令其五鍾一曰青鍾大音大音東方鍾名二曰赤鍾重心三曰黃鍾灑光四曰景鍾昧其明五曰黑鍾隱其常自大音已下皆鍾名其義則未聞

(通)大音春為元元大也重心夏為离主火离上下皆火重心也灑光土寄旺四時主于夏季夏為米明土潤大雨灑光也水制火之義土合水火者也昧其明于時秋于日晡以後日光漸斂隱其常冬為常為玄冥動靜之根天地之常故曰貞 五聲

既調然後作立五行以正天時五官以正人位人與天調然後天地之美生美謂甘露醴泉之類也通人身一天地陰符曰合發參同曰天符能調則合而符矣符則天地與人參而生美生獨陽乎哉陽生陰陰生陽相生而後美曰至睹甲子木行御謂春日既至睹甲子用木行御時也通聖人裁成輔相以左右民不過調陰陽五行而已二五之氣人與天調有不調而王者為調之下五行之命天子出令命左右士師內御謂內侍之官也總別列爵謂總別等列之爵也論賢不肖士吏論士吏之賢與

趙○按自甲子起周一甲子六十日又丙午二日丙子故四七十

不肖當有所黜陟也賦秘賜秘藏之物出而賦賜之也賞於四境之內發故粟以田數故粟陳也以田數多少用陳粟給人使得務農出國衡。順山林禁民斬木。所以愛草木也。然則冰解而凍釋草木區萌。萌芽區別而生也贖蟄蟲卵菱。贖猶去也卵㲉菱莢也皆早春而生也春辟勿時。春當耕闢無得不及時也苗足本。足猶擁也春生之苗當以土擁其本不癘雛鷇。癘殺也雛隨母食者不夭麑麇。毋傅速。麑鹿子也言夭傷之通春日遲遲順無急令亡傷繦褓。繦褓之嬰孩無得傷損也時則不凋。若能行上事春則繁茂而不凋枯也七十二日而畢。春當九十日而令七十二日而畢者則季月十八日屬土位故也睹丙子火行御。天子

一日而畢為七三百五十日又二五為十日一年之數也注非

出令命行人内御（行人行使之官也）令掘溝澮津舊塗（謂先時滯水處當設其津梁也）發臧任君賜賞（任委也藏中委積物當發用之即以充君之賞賜也）君子修游馳以發地氣（游馳謂游戲馳馬也）通陰從陽上發陽就陰下歸動靜相乘人道合天出皮幣命行人修春秋之禮於天下諸侯通天下遇者兼和（春秋三時聘問之禮）然則天無疾風草木發奮鬱氣息（謂鬱蒸之氣止息也）民不疾而榮華蕃七十二日而畢睹戊子土行御月令中央土寄于夏季土無定位又逆生故也天地為陰陽之根分之四時列之五行然

而土即地也以氣無質形有質有質即有位而四氣又各成于土是以配列為五子不離母耳必别土與四氣分位母子反相離而春夏秋冬元亨利貞之候運皆舛豈造化所以成歲哉四時屬四象而土居中中以合四不以四分相分不為中也七十二日五分五行理數之不可信天地不可紀而曆象不可推乾坤幾于毀矣何。也有乾無坤兩儀不立四象何生禮運曰布五行于四時和而後月生不布不和則十二月不序而四時舛故知毋受氣于父地受氣于天受而布四時一毋生四子之說也毋以生而配父者也天子出令命左右司徒内御命司徒御理夏政也不誅不貞貞正也太陽用事時方長育故無所誅戮無責正以助養長氣也農事為敬夏時農事尤盛順而敬之也大揚惠言言大衆仁惠之事也寬刑死緩罪人皆所以助養氣也出國司徒令命順民之功力以養五穀君子之靜居陰氣方生故靜居以遵也而農夫修其功力極然則天為粵宛粵厚也宛順也天為粵順不逆時氣也草木養長五穀蕃實秀大六畜犧牲具民足財國富上下親諸侯和七十二月而畢賭庚子金

行御天子出令命祝宗選禽獸之禁禁謂牢圈圃所養擬供祭
祀也五穀之先熟者先熟則黍稷也而薦之祖廟與五祀五祀
謂門行戶竈中霤鬼神饗其氣焉君子食其味焉然則涼
風至白露下天子出令命左右司馬衍組甲厲兵
組甲謂以組貫甲也合什為伍謂立十人之長為伍以修於四境之内
諛然告民有事所以待天地之殺斂也諛悅順貌有事謂出
師以伐不服象天地殺斂也然則晝炙陽夕下露地競環環炙實貌
方秋之時晝則暴炙夕則下寒露而潤之陰陽更生故地交競而炙實五穀鄰熟鄰緊
也陰陽氣足故緊熟（通）地質堅剛曰競氣斂還為環五穀次

收曰鄰熱隣相比也草木茂實歲農豊年大茂七十二日而畢。賭壬子水行御。天子出令命左右使人内御御其氣。足則發而止。使人御理冬政其閉藏之氣足則發令休止也其氣不足。則發擱瀆盜賊。擱謂遮禁也羣聚之謂其閉藏之氣不足則擱防盜賊以助其閉藏之數剶竹箭。言數剶削竹箭以為矢也伐檀柘伐檀柘所以為弓也令民出獵禽獸。不釋巨少而殺之。所以貴天地之所閉藏也。貴天地閉藏故收獵取禽以助也

(演)生氣泄殺氣藏泄盛虛藏實乏之驗是不足者驗天地之氣藏也藏足者來復歸根所謂暢月是也陽氣生

而止不助以殺不足者陰內疏而不窒陽外游而不反必助陰抑陽遏使下藏擱盜賊之中遍殺草木鳥獸之外榮是為貴藏也以殺得生殺中之生貞下之元也調贊氣化以養元之道然則羽卵者

不段（段謂離散不成）毛胎者不牘（牘謂胎敗貴也）䴡婦不銷弃（䴡古孕字銷弃謂散壞也）草木根本美（閉藏實堅則根本美凡此皆順冬閉藏之政所致也）七十二日而畢。睹甲子木行御。天子不賦不賜賞而大斬伐傷（此已下言逆時政所致災禍也）君危不殺太子危家人夫人死（若君雖危而不見殺則又太子危而家人夫人有死禍也）不然則長子死。（如無家人夫人死則長子死）七十二日而畢。（逆氣亦畢於七十二日也）睹丙子，火行御。天子敬行急政，旱札，苗死，民厲。（札夭死也，厲疫死。時當寬緩而乃急，故有旱札疫之災也）七十二日而畢。睹戊子，土行御。天子修宮室，築臺榭，君危。（土方用事而修宮室以動亂之，故君有危亾之禍）外築城郭，臣死。（築城郭動土危，故其臣死）七十二日而畢。（土旺在六月而得七十二日者，則每季得十八故也）睹庚子，金行御。天子攻山擊石，有兵作戰而敗，士死，喪執政。（時方收斂而乃攻山擊石，故致兵器之禍也）七十二日而畢。睹壬子，水行御。天子決塞，動大水，王后夫人薨。不然，則羽卵者段，毛胎者贕䴇婦銷弃草木根本不美七十二日而畢也。

管子榷卷第十五

唐司空房　玄齡　註

明道民朱　長春　榷

勢第四十二

短語十六

㊞評篇中多雜越語其古兵家流傳雜引之耶抑管氏布行而彙拾之耶文于書中最古談于兵家最奇竄微此兵法形勢家本論也審勢而戰戰無不勝豈獨商周哉漢之盛楚越之滅吳都有此道魏武于吳蜀且失之故兵危也難言哉

戰而懼水。此謂澹滅。方戰之時懼致水禍此必為水所澹而滅亡也

㊞通戰危事也臨懼好謀不然哉戎昭果毅處女脫兔懼其于養全勇必勝之非遺其勇者也過而沉溺下陷将神不揚曰懼水水克火則澹滅過而艱阻憂

虞將神不爽曰懼險險多謀則迷中小事不從大事不吉苟懼求禍則事無小大未見其福也戰而懼險此謂迷中方戰之時懼有險礙進退莫知所從故曰迷中言在迷惑之中分其師衆人既迷芒必其將亡之道人既迷惑不知所從則無所用其力是以滅其師衆矣又況迷惑芒然乎若是者必亡其衆亢此二事皆滅亡之道也動靜者比於死比近也用師之道我動而敵靜者則靜者勝矣故我近於死亡也動作者比於醜我先動敵反作應者我必無功故近於醜（通）作即動也與動靜對我動而彼作兩動相醜强弱未判動信者比於距我既動彼能自申以敵我知此者近於見距也動詘者比於避我既動而彼屈服者近於見避夫靜與

作時以為主人時以為客貴得度靜作得度則為主人其失度者則為客也知靜之修居而自利既多智而又安靜二者能修則居然自獲其利也知作之從每動有功知其所作常能從理如此者動必有功也㊣通常使我靜而脩待彼作而從斯如山而如風故守則利戰則功所以陰苻合于兵鈐陰節勝于為主故曰無為者帝其此之謂矣言無心於為任理之自然如此者帝王之道也

逆節萌生㊣通文順道也武逆道也逆而順用之是以貴因天貴從時下所謂人先生天地刑聖人成也不刑則無成不從天則守地守地所以候天靜

所以待動天地未形先為之政其事乃不成繆受其刑言將為纂弒凶逆之節雖萌牙而生然天地寂泊不見徵應無從已之形此則先天而政天乃違之故其事不成則被誅戮受其刑罪也天因人。聖人因天。所謂先天而天不違後天而奉天時天時不作勿為客。不因天時而動者乃為客矣人事不起勿為始。不因人事而起可謂先事為始慕和其眾以修天地之從人先生之。天地刑之。聖人成之。則與天同極將建大事必慕和其眾天地既已從但當修天之意人先生是心天地又見其修意有從順之形聖人則發動而成如此者可謂與天同極也正靜不爭動作不貳素質不留。全其素質無所留者與地同極。能行正靜已下可謂與地同極也未得天

極則隱於德未得與天同極則隱而修德也已得天極則致其力
已得天極則當致力而成之若湯之升陑武王牧野是也既成其功順守其從
人不能代從順也功成矣則以順理守之所謂逆取順守者也則人何能代之乎成
功之道贏縮為寶贏縮猶行藏也所謂時行則行時止則止其道乃著故以為寶
毋亡天極究數而止但盡天之數則止而勿為通贏縮究止功
成名遂身退也故窮寇勿追黷武必敗事若未成
毋改其形毋失其始不謂常形也守常修始事終有成也靜民觀時
待令而起言事未成之時但安靜其人謹候其時待天命令然後起而應也故曰
修陰陽之從而道天地之常道從也贏贏縮縮因而

爲當。必行藏順時然後事當重言之殷勤其事也死。死生。生。因天地之。
形。死生猶隱顯也聖人隱顯必因天地之形天地之形。聖人成之。因天地之
形則無不成也小取者小利。大取者大利。但能法則大小無不利盡
行之者有天下。所謂唯天爲大唯堯則之通湯武之革命順天
而應人故賢者誠信以仁之。慈惠以愛之。端政象
不敢以先人。常執謙以下物中靜不留。中心安靜無所留著裕德無
求。道德饒裕無求於人形於女色。女之容色靜而不先求者通狀兵以女
志曰始若處女敵人開戶故女從人者也不敢以
先人男先而女應待其潰作因而乘瑕無不勝矣

陰節勝陽後起者王其所處者柔安靜樂雖後隱處常能柔安靜樂行德而不爭以待天下之瀆作也雖後為政行德常能讓讓不與物爭瀆動亂也故賢者安徐正靜柔節先定先定讓柔之節然後有所與為也行於不敢則人不能與我爭勇而立於不能則人莫與我爭功守弱節而堅處之守柔弱之節而堅明以自處也故不犯天時不亂民功謙順故無所犯亂也秉時養人持四時之政以順養其人先德後刑賞以春夏刑以秋冬順於天微度人既順於人又微度人之所宜以合之善周者明不能見也善於周周則極也萬物無所至如此者雖有明察之人不能盡矣

㊣通周陰節明陽節也周周稟也是陰藏之

義善明者周不能蔽也善於明明則極也如此者則雖善周之人不能自隱蔽必為善明者所知也大明勝大周則民無大周也明勝大周則人無能為大周也大周勝大明則民無大明也周勝大明則人無能為大明凡此皆欲大周大明獨在君也大周之先可以奮信奮信振起貌言既有大周之德在物之先則可以振起而有事大明之祖可以代天下有大明之德可以為物祖如此則可代天下無道取其位而君之也索而不得求之招搖之下招搖之星隨斗杓順時而建者也天下者神器直欲索之則不得若求之招搖之下順時而取則可也

(通)招搖隨帝車運指四時定昏旦一歲一日陰陽動靜晦明出入之候也故以承大周大明

天不能違時而況人乎行前朱雀後玄武左青龍右白虎招搖在上急繕其怒于兵為中軍軍為大將將為心獸厭走而有伏網罟獸所以憎厭其走者恐前有伏網罟故聖人不敢以直道取天下者恐有大禍故也通厭走其陽節盡之時也而我以陰勝之故有伏網罟方其伏陰為大周其得獸為大明一偃一側不然不得偃側猶倚伏也聖人之取天下知云云文設武伏如其不然則天位不可得也大文三曾通三會言其極也文主常武主變常極而變不極而貴義與德大武三曾而偃武與力大文三曾則文道行也故能成其德義大武三曾則武道

行也故能偃其武力（通）上言先德而後刑此以武而歸文兵者聖王不得已而用之者也故好戰必亡逆守于順

（演）陰符道書也人以為談兵管子勢權書也吾以為談道動靜以時天人相因羸縮死生一相天地常居陰以待陽居靜以待作以弱而伏強先德而後刑故大周極于冬冬至大明極于夏夏至揔歸于招搖居中運天而秉時焉時有偃側倚伏而德力文武交三運之運之既成偃武

修文天下太平矣易曰大明終始六位時乘時
乘六龍以御天各正保合萬國咸寧共道與經
曰人法地地法天天法道道法自然故之包乎
地而依于地始乎地而生乎地坤之上龍血玄
黃則潛始之為將之道當先治心治心欲其靜
地道也動則天矣萬物之動皆生于靜動乘乎
天而靜不離地故曰常動常靜常清靜矣戰危
道也唯安能制危唯靜能善動故首言懼水懼
險神哉人之心乎其熱焦火其寒凝冰故曰無

攖人心攖之下則溺上則震溺則如水震則如險溺而沉則澹滅險而蕩惑則迷中已心之不能勝而何以勝人此皆强爲而不得其時不合于天地以動而傷靜者也傷則懼懼則滅則迷則敗

正第四十三

短語十七

㊟譯 正一篇爾雅似春秋前文然語古而體板

制斷五刑各當其名罪人不怨服罪故不怨也善人不驚

曰刑。（刑當故不驚，如此者所謂刑也）正之。（所以勝姦正也）服之。（所以服不能也）勝之。（所以勝姦邪）飾之。（修飾身也）必嚴其令。而民則之。曰政。（令嚴則人作法之，如此者政也）如四時之不貳。如星辰之不變。如宵如晝。如陰如陽。（宵晝陰陽皆有其常）如日月之明。曰法。（法之用守常不變）愛之生之。養之成之。利民不德。（利雖及人不以為德也）天下親之。曰德。（德用之恩萬物親之）無德無怨。無好無惡。萬物崇一。陰陽同度。曰道。（道之用不二者）刑以獘之。政以命之。法以遏之。德以養之。（物待德養而成）道以明之。（明是非也）刑以獘之。毋失民命。（刑斷合理故人命不失也）令之以終其欲。明之毋徑。行令所以終人之欲使之明識正道不從邪徑也遏之以絕其志意。毋使民幸。用法正人之志意不使人有非分之幸也養之以化其惡必自身始。身惡盡則人惡化明之以察其生。必修其理。恐不修理故以明察之致刑其民。庸心以蔽。庸用也不用心以斷則濫及不辜致政其民。服信以聽。服用也謂用誠信聽理於人致德其民。和平以靜。君德及人以致和靜致道其民。付而不爭。人被道則相付任而不交爭也罪人當名曰刑。罪當其名刑之謂也出令時當曰政。令當於正時之謂也當故不改曰法。不改當故法之謂也愛民無私曰德。君愛無私德之謂也會民所聚曰道。聚謂衆所宜也能令衆宜道之謂也立常行政能服信乎。服信則政行常立 中和慎敬能日新乎。苟能和敬則其德日新也 正衡一靜能守慎乎。衡平也言但能守慎則政平而靜一 廢私立公能舉人乎。但公而無私則能舉人也 臨政官民能後其身乎。後其身則能臨政官人也 能服信政此謂正紀。能行信正者正之紀 能服日新此謂行理。能行日新可謂行之理也 守慎正名僞詐自止。能慎則詐息也 能舉人無私臣德咸道。無私則不安舉故臣德皆合於道也 能後其身上佐天子。後身則先公故能上佐天子也

九變第四十四 謂人之情變有九

㊟許 單言守戰至死之九變，不言人之情變也。散

叙小言，如不成章。

凡民之所以守戰至死而不德其上者，有數以至焉。（或守或戰，雖復至死，不敢恃之以德於上，則有數存焉於其間，故能至死也。）曰：大者親戚墳墓之所在也，（一變）田宅富厚足居也，（二變）不然，則州縣鄉黨與宗族足懷樂也，（三變）不然，則上之教訓習俗慈愛之於民也厚，無所往而得之，（君之恩厚，皆在於人，無所他往，故得人之致死。四變）㊟通 樂土惠君，他邦所無，往而無得，守死不往。不然，則山林澤谷之利足生也。（五變）

管子集 卷十五 九 三百三十五手

不然。則地形險阻。易守而難攻也。（六變）不然。則罰嚴而可畏也。不然。則賞明而足勸也。（七變）不然。則有深怨於敵人也。（八變）不然。則有厚功於上也。（功厚則祿多故亦肖為戰而不德於君九變）此民之所以守戰至死而不得其上者也。今恃不信之人而求以智。用不守之民而欲以固。將不戰之卒而幸以勝。此兵之三闇也。

任法第四十五

區言二

（評）旨荒詞濫戰國末之文

（評）嗚呼亡秦者此言乎有本標有表景曰任法以法下也法于何舉下于何憲其言置儀設守捺六處四我無離而下無奪乃以不自法法而法人乎當其佚之便之離之矣上離之下收之矣禍甚哉非與斯所同學同術而壞古叛教以禍天下者以故書焚儒坑一棄先王之則仲尼之誦而付天下於法吏以愚天子於恣睢主脫桎梏監門而竟莫為鄙屋之匹夫哀哉天如是乎則斬艾萬民以驕一人而為君生民不為民

作君也法士當七國之末波七王之糜濫自欲行其說而度世主必不能行其說則以其便樂逢其心中之而後任吾法以畢行吾意所謂務入而不務矯務苟且而不務衡務取一時自計而不顧人國久遠也卑哉舐痔恩鼠之最下流矣幸而天不終禍世以借秦為鑑猶且後世之興王出入不免焉故立論者可正勿偏可拂世勿阿世可以演弘先王之道而不可亂也道萬世不易者也觀于亂而識宋儒之反亂正心誠

意一時之迂萬古之式

聖君任法而不任智任數而不任說任公而不任私任大道而不任小物小物小事然後身佚而天下治失君則不然舍法而任智故民舍事而好譽舍數而任說故民舍實而好言舍公而好私故民離法而妄行舍大道而任小物故上勞煩百姓迷惑而國家不治聖君則不然守道要處佚樂馳騁弋獵鐘鼓竽瑟宮中之樂無禁圉也宮中之樂所以悅體安性故不禁禦之也不思不慮不憂不圖但任法数故無所慮圖也利身體便形

軀養壽命。垂拱而天下治。但任法數則事簡故身不勞壽命長天下自理

是故人主有能用其道者。道則謂上法數公正大道不事心。不勞意。不動力。而土地自辟。囷倉自實。蓄積自多。甲兵自強。群臣無詐偽。百官無姦邪。奇術技藝之人。莫敢高言孟行。以過其情。以遇其主矣。孟大也遇待也不敢以謬妄姦言妄行以待其主也

昔者堯之治天下也。猶埴之在埏也。埏和也音羶唯陶之所以為。猶金之在鑪。恣冶之所以鑄。其民引之而來。推之而往。使之而成。禁之而止。故堯之治也。善明法禁之令而已矣。黃帝之治

天下也。其民不引而來。不推而往。不使而成。不禁而止。（此黃帝之於堯則堯有為而黃帝無為）故黃帝之治也。置法而不變。使民安其法者也。所謂仁義禮樂者皆出於法。（法行順仁義生）此先聖之所以一民者也。（法所以齊一於民也）周書曰。國法。（有國者有法也）法不一。則有國者不祥。（法不一則亂故不祥）民不道法則不祥。（道從）國更立法以典民則祥。（更改也典主也言緣觀宜改法以主於人則國理故祥也）羣臣不用禮義教訓則不祥。百官服事者離法而治則不祥。（服行也）故曰法者不可恒也。（法敝則當變故不恒）存亡治亂之所從出。（法順則存）

治法違則亂亾聖君所以為天下大儀也。君為天下之儀表也君臣上下貴賤皆發焉。莫不取法於君臣發行也故曰法古之法也。立法者必師古世無請謁任舉之人。任保也以法取人則無請謁之保舉無間識博學辯說之士。間雜亂也法行則博學辯說之人不敢間亂識事也無偉服無奇行。偉服奇行皆過越法制者今止息者畏法故也皆囊於法以事其主。囊者所以斂藏也謂人皆斂藏過行以順於法上事其主故明王之所恒者二。一曰明法而固守之。二曰禁民私而收使之。謂以法收斂而使之此二者主之所恒也。廢此二者則政亂夫法者上之所以一民使下也。私者下之所以侵法亂主也。故聖君置儀設法而固守之。然故諶杵習士聞識博學之人不可亂也。杵所以毀碎物者也謂姦詐之人偽託於諶以毀君法習士謂習法之士聞識謂多聞廣識君守法堅故此等莫能亂也衆彊富貴私勇者不能侵也。信近親愛者不能離也。離猶違也珍恠奇物不能惑也。萬物百事非在法之中者不能動也。珍恠奇物此正法為恠僻故法者天下之至道也。道無越於法者聖君之實用也。用法為理國之實今天下則不然。皆有善法而不能守也。然故諶杵習士聞識博學之士能以其智亂法惑上。衆彊富貴私勇者能以其威犯法侵陵。謂侵陵於君也鄰國諸侯能以其權置子立相，鄰國恃權能廢置君之子援立國相大臣能以其私附百姓。謂用私恩誘百姓使附之翦公財以祿私士。謂剪公財以祿私士皆以君不守法故也凡如是而求法之行，國治不可得也。謂從失法之後國不可得理也聖君則不然，卿相不得翦其私，羣臣不得辟其所親愛，聖君亦明其法而固守之，羣臣修通輻輳，謂各得自通於君如輻之輳也以事其主，百姓輯睦聽令道法以從其事。道從也故曰：有生法，有守法，有法於法。夫生法者君也。君始制法故曰生法守法者臣也。臣則守法而行法於法者

民也。人則法君之法君臣上下貴賤皆從法。此謂為大治

故主有三術。謂上主中主危主也夫愛人不私賞也。惡人不私罰也。置儀設法以度量斷者上主也。愛人而私賞之。惡人而私罰之。倍大臣。離左右。專以其心斷者中主也。臣有所愛而為私賞之。有所惡而為私罰之。為大臣愛惡之故而私賞罰也倍其公法。損其正心。謂損政數之正專聽其大臣者危主也。故為人主者不重愛人不重惡人。重愛曰失德。重惡曰失威。君隨臣愛惡則威德皆在於臣故曰失也威德皆失則主危也。故明王之所操者六生

之殺之富之貧之貴之賤之此六柄者主之所操也主之所處者四一曰文二曰武三曰威四曰德此四位者主之所處也藉人以其所操命曰奪柄藉人以其所處命曰失位奪柄失位而求令之行不可得也既至於奪柄失位之後欲求令行不可得法不平令不全是亦奪柄失位之道也法不平令不全則柄位不可得而保故曰奪柄失位之道故有為枉法有為毀令此聖君之所以自禁也言有枉法毀令聖君則能禁止之故貴不能威富不能祿賤不能事近不能親美不能淫也此五事解見下文植固而不動奇

邪乃恐。所立堅則不可動若奇邪則敗亡旋及故恐奇音羈奇華而邪化令往而民移君之奇邪能有華化則令纔往而人已移心而從善也故聖君失度量置儀法聖君見有失度量則置儀法以改也如天地之堅堅謂尊勝如列星之固。自古至今不見天星有虧敗也如日月之明。無私燿臨如四時之信寒暑之氣来必以時然故令往而民從之。君能苞上之四事故令往人從也而失君則不然。法立而還廢之。令出而後反之。枉法而從私。毀令而不全。是貴能威之。富能祿之。賤能事之。近能親之。美能淫之也。此五者不禁於身。君身不能自禁止也是以羣臣百姓。人挾其私而幸其主。妄希非分之恩彼幸而得之。則主日侵。臣得不當得之恩則主日見侵也彼幸而不得。則怨日產。若不得所幸則怨毒日生也夫日侵而產怨。此失君之所慎也。凡為主而不得用其法。不適其意。顧臣而行。凡有所行不敢自專顧望其臣而為之也離法而聽貴臣。貴臣雖有離法亦聽從之此所謂貴而威之也。言貴臣能威於君也富人用金玉事主而來焉。謂以金玉來事主也主離法而聽之。此所謂富而祿之也。言富人能祿於君也賤人以服約卑敬悲色告愬其主。服約謂屈服隱約也主因離法而聽之。所謂賤而事之也。言賤人善諂君聽之近者以偪近親愛有求其主因離法而聽之。此所謂近而親之也。言近者恃親以要君則君從美者以巧言令色請其主因離法而聽之。此所謂美而淫之也。言美者能以言色淫動於君故君亦聽之治世則不然。不知親疏遠近貴賤美惡以度量斷之。其殺戮人者不怨也。殺當其罪故不怨也其賞賜人者不德也。以功受賞故不德於君者也以法制行之。如天地之無私也。是以官無私論士無私議民無私說皆虛其匈以聽於上。匈恐懼貌上以公正論。以法制斷故任天下而不重也。法制行則事簡故不重也今亂君則不然有私視也。故有不見也。有私聽也。故有不聞也。有私慮也。故有不知也。凡私則不周故有不見聞知也夫私者壅蔽失位之道也。上舍公法而聽私說。故羣臣百姓皆設私立方以教於國。方謂異道術也羣黨比周以立其私請謁任舉以亂公法。人用其心以幸於上。上無度量以禁之。是以私說日益而公法日損。國之不治從此產矣。夫君臣者天地之位也。民者衆物之象也。各立其所職以待君令。羣臣百姓安得各用其心而立私乎。故遵主令而行之。雖有傷敗無罰。遵令而行敗非己致

故無罰也

非主令而行之。雖有功利罪死。失令有功法所不赦故罪死

然故下之事上也。如響之應聲也。臣之事主也。如影之從形也。故上令而下應。主行而臣從。此治之道也。夫非主令而行有功利。因賞之。是教妄舉也。賞不從令是教妄為舉措遵主令而行之。有傷敗而罰之。是使民慮利害而離法也。羣臣百姓人慮利害而以其私心舉措。則法制毀而令不行矣。

明法第四十六

趙○按識當作百官職乃字有闕誤

評 文與任法相似中十至私人之門不一至庭百慮其家不一圖國又忠臣死于非罪邪臣起于非功美言可市他日出雷同耳

所謂治國者主道明也。主道明則公法明故國治 所謂亂國者臣術勝也。臣術勝則私事立故國亂 夫尊君卑臣。非計親也。以執勝也。令尊君卑臣者其計非欲使親君也但令君執其勝也 百官識非惠也。刑罰必也。必令百官識非公之惠而不敢受又知刑罰必行無妄求免罪也 故君臣共道則亂。臣行君事故曰共道 專授則失。若君有所授與不合衆心所專之亦爲失也 夫國有四亡。令求不出謂之滅。令求不出則下無所稟故滅出而道留謂之擁中道而留止故曰擁下情求不上通謂之塞求不上通則與君隔絕故曰塞也下情上而道止謂之侵下情雖欲上通中道為左右所止此則臣侵上事也故夫滅侵塞擁之所生從法之不立也是故先王之治國也不淫意於法之外淫遊也不為惠於法之內也不丞法以成私惠也動無非法者所以禁過而外私也外遺也威不兩錯臣行君威為兩置政不二門臣出政是為二門也以法治國則舉錯而已言能以法理國但舉而置之無不行是故有法度之制者不可巧以詐偽非法度不聽則詐偽何施有權衡之稱者不可欺以輕重

以權衡稱之輕重立見也有尋丈之數者。不可差以長短。今主釋法以譽進能。則臣離上而下比周矣。比周於下所以求譽以黨舉官。則民務交而不求用矣。交合則自進是官何須求用故官之失其治也。是主以譽為賞。以毀為罰也。以毀譽為賞罰則官自然失理然則喜賞惡罰之人。離公道而行私術矣。行私術自然得賞安用就公道而求乎比周以相為匿。是比周者凡有公是之事皆匿而不行也忘主死交。以進其譽。故交衆者譽多。為交友致死其譽自興外內朋黨雖有大姦。其蔽主多矣。是以忠臣死於非罪朋黨共毀之故忠臣非罪而死而邪臣起於非功。朋黨共譽之故邪臣非功而起所死者非罪。所起者非功也。

然則為人臣者重私而輕公矣。私則得利公而致禍故重私而輕公矣

十至私人之門。私人之門謂所與交私為朋黨者也不一至於庭謂之君庭

百慮其家不一圖國。重私輕公故也屬數雖衆非以尊君也。所屬之數雖曰衆多無不黨私故非尊君也百官雖具非以任國也。各務私故不任國事此之謂國無人。國無人者非朝臣之衰也。家與家務於相益。不務尊君也。大臣務相貴而不任國。小臣持祿養交。不以官為事。故官失其能。官各失人則與無人同也是故先王之治國也。使法擇人。

不自舉也使法量功不自度也。設法者自著擇人量功之條故不勞自舉度也故能匿而不可蔽苟有材能則法自舉之不可隱蔽也敗而不可飾也。無功而敗法自量之故不可虛飾也譽者不能進無材雖譽而不能進也而誹者不能退也。有功雖誹之而不能退也然則君臣之間明別謂賢不肖有功者各明白而分別也明別則易治也。明別則無偽濫故易治也主雖不身下為謂不身小為其事而守法為之可也。但守法則法自為之不勞身也

正世第四十七

區言三

評 君道主於勝法之流弊也帝王匹夫勝予民不可下成秦之敗而至不可救則勝之流毒乎小問亦云勝民之為道非天下之大道也書中矛盾亦一証

評 此等文潺易濡下世運三代之末其文運亦然夫所貴法古法其盛不法其衰周秦之交衰矣不善法者從其易而溺之同曰先秦而不知微商元宗不可同年而語也漢之賦文六朝唐之詩皆然以東京進而以宮體雜齊梁以晚當

感人皆笑之矣惜乎唐宋之反古者不辨於此也

古之欲正世調天下者必先觀國政料事務察民俗本治亂之所生知得失之所在然後從事從為故法可立而治可行夫萬民不和國家不安失非在上則過在下今使人君行逆不修道誅殺不以理重賦斂竭民財急使令罷民力使令急故人力疲也財竭則不能無侵奪人財竭則侵奪以供上稅也力罷則不能毋墮傒傒激也謂疲墮而傲從也民已侵奪墮傒因以法隨而誅之則

是誅罰重而亂愈起夫民勞苦困不足則簡禁而輕罪如此則失在上失在上而上不變則萬民無所託其命今人主輕刑政寬百姓薄賦斂緩使令然民淫躁行私而不從制飾智任詐負力而爭則是過在下過在下人君不廉而變廉察也則暴人不勝邪亂不止暴人不勝邪亂不止則君人者勢傷而威日衰矣故為人君者莫貴於勝所謂勝者法立令行之謂勝法立令行故羣臣奉法守職百官有常法不繁匿萬民敦慤反本而儉力謂廉嗇而勤力也

故賞必足以使（謂使人從善也）威必足以勝（謂勝合姦邪也）然後下從。故古之所謂明君者非一君也。（五帝三王俱曰明君故曰非一）其設賞有薄有厚，其立禁有輕有重。迹行不必同，非故相反也，皆隨時而變，因俗而動。夫民躁而行僻，則賞不可以不厚，禁不可以不重。（既躁而僻則難化須厚賞以誘之重禁以威之）故聖人設厚賞非侈也，立重禁非戾也。賞薄則民不利，禁輕則邪人不畏。設人之所不利，欲以使，則民不盡力；立人之所不畏，欲以禁，則邪人不止。是故陳法出令而民不從，故賞不足勸則士民不為用。刑罰不足畏。則暴人輕犯禁。民者服於威殺然後從。見利然後用。被治然後正。得所安然後靜者也。夫盜賊不勝。邪亂不止。彊劫弱。衆暴寡。此天下之所憂。萬民之所患也。憂患不除。則民不安其居。民不安其居。則民望絕於上矣。夫利莫大於治。害莫大於亂。夫五帝三王所以成功立名。顯於後世者。以為天下致利除害也。事行不必同。所務一也。莫不務於理也夫民貪行躁而誅伐輕。罪過不發。有罪過者不發舉也則是長淫亂而便邪僻也。有愛人

之心。而實合於傷民。輕刑以愛人姦多反傷人也此二者不可

不察也。二者謂愛與傷人夫盜賊不勝。則良民危。良人為盜所害故危

法禁不立。則姦邪繁。故事莫急於當務。每事當其務則理也

治莫賢於得齊。齊謂無非人也制民急則民迫。民迫則

窘。窘則民失其所葆。葆謂所恃為生者也緩則縱。縱則淫。淫

則行私。行私則離公。離公則難用。故治之所以不

立者齊不得也。謂上有非人也齊不得則治難行。故治民

之齊。不可不察也。聖人者。明於治亂之道。習於人

事之終始者也。其治人民也。期於利民而止。至於利人

則止而勿理也。故其位齊也。不慕古，不留今。留謂守常不變與時變，與俗化。夫君人之道，莫貴於勝。勝故君道立。勝則無不服故君道立也君道立然後下從，下從故教可立而化可成也。夫民不心服體從，則不可以禮義之文教也。君人者不可以不察也。

治國第四十八

區言四

㊑凡言富皆書中精言，此管氏本術也。至者必其遺書不亾去，管未遠，治其家學而善于計在

春秋之末戰國之首耶戰國已主主富國而黜富民一概急之以法死之而以生之亂之而以治之國可冀乎

凡治國之道。必先富民。民富則易治也。民貧則難治也。奚以知其然也。民富則安鄉重家。安鄉重家則敬上畏罪。敬上畏罪則易治也。民貧則危鄉輕家。危謂不安其所居也危鄉輕家則敢陵上犯禁。陵上犯禁則難治也。故治國常富。而亂國常貧。是以善為國者必先富民。然後治之。昔年七十九代之君。法制

不一。號令不同。然俱王天下者何也。必國富而粟

多也。夫富國多粟生於農。故先王貴之。凡為國之

急者。必先禁末作文巧。末作文巧禁。則民無所游

食。民無所游食。則必農。謂必務農民事農則田墾。田墾

則粟多。粟多則國富。富國者兵彊。兵彊者戰勝。戰

勝者地廣。是以先王知眾民彊兵廣地富國之必

生於粟也。故禁末作。止奇巧。而利農事。今為末作

奇巧者。一日作而五日食。言取一日之利可供五日之食也農夫

終歲之作。不足以自食也。評曰禁末止奇不與後

靡矛盾乎一國何以行之故管子雜家叢薈之書也然則民舍本事而事末作舍本事而事末作則田荒而國貧矣凡農者月不足而歲有餘者也而上徵暴急無時。謂徭稅不以時則民倍貸以給上之徵矣倍貸謂貸一還二也耕耨者有時而澤不必足。謂雨澤不足也則民倍貸以取庸矣。澤不足則歲凶富者倍貸於貧不能還其倍價者則計所倍而取庸也秋糴以五春糶以束是又倍貸也。謂富者秋時以五糴之春春出糶便收其束矣此亦倍貸之類也束十疋也故以上之徵而倍取於民者四。謂上無時之徵一也澤不足二也秋糴春糶三也下關市府庫之徵四也關市之租。府庫之徵。粟什一。厮輿之事。此四時亦當一倍貸矣。（府庫謂府之庫新有徵稅言人供關市府庫之徵亦用粟之什一計四時常有所用故亦當倍貸之）一夫以一民養四主。（四主即上四倍貸也）故逃徙者刑。（謂有刑罰）而上不能止者。粟少而民無積也。常山之東。河汝之間。蚤生而晚殺。五穀之所蕃孰也。四種而五穫。（四種謂四時皆種五穫謂五穀皆宜而有所穫）中年畝二石。一夫為粟二百石。今也倉廩虛而民無積。農夫以鬻子者。上無術以均之也。故先王使農士商工四民交能易作。（交能易作謂雖士亦善於農工雖農亦通於士業也）終歲之利無道相過也。道從也四人均能故其利無從相過之也是以民作一而得均四人交能易作故曰一也民作一則田墾。姦巧不生。田墾則粟多。粟多則國富。姦巧不生則民治。富而治。此王之道也。不生粟之國亡。粟生而死者霸。霸者或不能廣積粟故人有不生而致死者也通霸不務德而勤于兵故粟生之而隨耗之粟生而不死者王。王者積粟既多故人保其生無復致死者也粟也者。民之所歸也。粟也者。財之所歸也。有粟則人歸之粟也者。地之所歸也。積粟既多或有入地歸降者也粟多則天下之物盡至矣。故舜一徙成邑。二徙成都。參徙成國。舜非嚴刑罰重禁令而民歸之矣去者必害謂背叛而去者從者必利也先王者善為民除害興利故天下之民歸之所謂興利者利農事也所謂除害者禁害農事也農事勝則入粟多入粟多則國富國富則安鄉重家安鄉重家則雖變俗易習謂改易其常習敺衆移民至於殺之而民不惡也此務粟之功也上不利農則粟少粟少則人貧人貧則輕家輕家則易去易去則上令不能必行上令不能必行則禁不能必止禁不能必止則戰不必勝守不必固矣夫

令不必行禁不必止戰不必勝守不必固命之曰寄生之君言資寄為生不能長久此由不利農少粟之害也粟者王之本事也人主之大務有人之塗謂保有其人其塗因粟也治國之道也